LE DOCTEUR

AUGUSTIN FABRE

NOTICE BIOGRAPHIQUE

PAR

L'Abbé Louis GUÉRIN

Directeur de l'*Écho de Notre-Dame de la Garde*.

MARSEILLE
SOCIÉTÉ ANONYME DE L'IMPRIMERIE MARSEILLAISE
MARIUS OLIVE, DIRECTEUR
Rue Sainte, 39.
1884

L'ÉCHO DE NOTRE-DAME DE LA GARDE

LE DOCTEUR AUGUSTIN FABRE
1836 — 1884

LE DOCTEUR

AUGUSTIN FABRE

NOTICE BIOGRAPHIQUE

PAR

L'Abbé Louis GUÉRIN

Directeur de l'*Écho de Notre-Dame de la Garde*.

MARSEILLE

IMPRIMERIE MARSEILLAISE

DIRECTEUR

1884.

LE DOCTEUR

AUGUSTIN FABRE

NOTICE BIOGRAPHIQUE

PAR

L'Abbé Louis GUÉRIN

Directeur de l'*Écho de Notre-Dame de la Garde*.

MARSEILLE
SOCIÉTÉ ANONYME DE L'IMPRIMERIE MARSEILLAISE
MARIUS OLIVE, DIRECTEUR
Rue Sainte, 39.

1884

LETTRE

DE

MONSEIGNEUR L'ÉVÊQUE DE MARSEILLE

Hippone, le 4 mai 1884,
en la fête de sainte Monique.

Mon cher Directeur,

'applaudis de tout cœur à votre pensée de publier en brochure les articles que vous avez donnés dans l'*Écho de Notre-Dame de la Garde*, sur le si regretté docteur Fabre.

Cette notice biographique méritait d'être conservée : elle rappellera toujours vivant le souvenir des vertus de ce grand chrétien à ceux qui l'ont vu de près et qui le pleurent. Elle apprendra à ceux qui ne l'ont pas connu ce que peut faire la vraie science unie à la Religion ; et à tous elle servira de modèle.

Je vous écris ces lignes, à la hâte, des lieux qu'illustra le grand génie d'Augustin, ce patron toujours aimé et fidèlement imité par notre bien aimé docteur Fabre.

Agréez, cher Directeur, la nouvelle expression de mon affectueux dévouement.

† LOUIS, *évêque de Marseille.*

 E jeudi 17 janvier 1884, la mort, frappant un coup inattendu, ravissait à l'affection de sa famille et de ses nombreux amis, à la vénération reconnaissante des pauvres et à l'admiration de tous, le docteur Augustin Fabre. Ce fut pour notre ville un deuil public. La science perdait en lui un maître, le corps médical une de ses illustrations, les malheureux un bienfaiteur insigne, l'Eglise de Marseille un fidèle et vaillant catholique.

La mémoire de ce juste ne doit pas périr. Nous savons que deux ouvrages se préparent, dont l'un nous révèlera les dons éminents du professeur, la science et le dévouement du médecin ; tandis que l'autre, soulevant le voile sévère sous lequel le bon docteur s'efforçait de cacher ses vertus et ses œuvres, nous permettra de descendre plus avant dans les secrets de cette âme et d'admirer en elle l'action merveilleuse de la grâce.

Notre ambition est plus modeste. Nous voudrions, pour répondre à la légitime impatience de bien des âmes, tracer ici une rapide esquisse de cette grande et belle vie.

Des témoignages émus nous sont venus de toutes parts. Nous les avons pieusement recueillis et fidèlement groupés pour qu'ils dessinent à larges traits cette noble figure qui a plus d'une ressemblance avec une figure de saint.

Heureux serons-nous, si ces humbles pages réussissent à convaincre les sceptiques et les découragés que l'on peut être encore, en ce siècle incroyant et frivole, *un Grand Chrétien*.

LE DOCTEUR

AUGUSTIN FABRE

I

L'ÉTUDIANT

é le 11 décembre 1836, Augustin Fabre appartenait à une de ces vieilles familles marseillaises dans lesquelles les pères transmettent à leurs fils, héritage plus précieux mille fois que leur grande fortune, un nom entouré de respect et de confiance, un culte sévère du devoir et de l'honneur, un dévouement généreux aux intérêts publics et par dessus tout un invincible attachement à la foi catholique.

Le jeune Augustin était essentiellement bon. Dieu, qui l'appelait à devenir le bienfaiteur et le père des pauvres, avait mis en réserve dans son cœur un riche trésor de délicate affection et d'exquise tendresse. Il aimait les siens comme on aime rarement à son âge, évitant avec un soin jaloux tout ce qui pouvait attrister le cœur de sa mère et multipliant déjà les efforts de sa vertu pour lui apporter quelque consolation et quelque joie.

Cependant la bonté n'excluait pas chez lui une excessive vivacité naturelle, une pétulance de caractère bien voisine de la violence, une impétuosité qui faisait parfois éclater des tempêtes. Mais la piété, qui dès la première heure s'empara de cette âme, ne tarda point à la transformer. La bonté demeura et grandit ; la vivacité s'apaisa ; la pétulance de caractère ne fut plus qu'un enjouement plein d'esprit et de charme, l'impétuosité prit une autre direction et devint une heureuse et infatigable ardeur pour le travail et pour le bien.

Ceux qui l'ont connu plus tard savent quel étonnant empire il avait pris sur lui-même, avec quelle bienveillance il accueillait tout le monde, avec quelle inaltérable douceur il subissait toutes les importunités, avec quelle mansuétude enfin il appréciait, pour les excuser ou les atténuer toujours, les infirmités et les misères de notre pauvre humanité. Sans doute la mordante causticité de son esprit était plus d'une fois mise en éveil : volontiers il eût jeté son mot dans la mêlée ; alors un fin sourire plissait ses lèvres : ce sourire spirituel et bon laissait deviner tout à la fois et l'élan de l'esprit qui veut éclater et l'effort de la vertu qui contient la verve trop pétillante de l'esprit.

Interne au Lycée de Marseille, en 1847, il s'affirma aussitôt comme un élève sérieux, docile, appliqué au travail, désireux d'apprendre non pour être le premier mais pour savoir, modeste dans le succès, affable et serviable envers tous, mais avant toutes choses absolument décidé à garder intacte sa foi, pures ses mœurs et libre sa piété.

Il faut le dire, ce n'était pas alors chose facile, et il ne fallait pas un faible courage pour demeurer ouvertement chrétien dans un milieu où tout mettait en péril la foi et la vertu. Il eut ce courage simple et grand. Aussi l'énergie de ses convictions et la bonté de son cœur lui attirèrent bientôt l'estime et le respect de ses compagnons d'études. La promptitude de son intelligence, la sûreté de son jugement et son grand amour du travail lui attachèrent ses maîtres, qui n'hésitaient pas à faire fléchir en sa faveur la sévérité des règlements. Plus d'une fois, à l'heure où les élèves sortaient pour la promenade, Augustin Fabre disparaissait tout à coup. Il s'était enfui dans le jardin par une porte secrète que la complaisance du proviseur lui avait ouverte. Ses condisciples partis, il remontait à l'étude et se renfermait avec ses livres ; il était heureux, il allait vivre seul avec eux pendant de longues heures. Cet amour, nous allions dire cette passion du travail, devait aller grandissant : seul d'ailleurs il explique la prodigieuse fécondité de cette trop courte vie.

Le cours de ses études achevé, et après avoir subi de brillants examens, Augustin Fabre entra dans le monde à l'âge de 17 ans. La fortune lui souriait, l'avenir s'ouvrait devant lui plein des plus riches promesses et des plus séduisantes espérances : il était le fils aîné d'une honorable famille et l'héritier naturel d'une haute situation commerciale. Son père lui offrait d'en partager aussitôt les avantages en acceptant une part du labeur. « Non, répondait-il en souriant, on ne travaille pas assez. Je me ferai médecin. » C'était là, pensa-t-on, une fantaisie de jeune homme et qui n'aurait qu'un temps. D'ailleurs le savoir ne nuisait pas aux affaires ; on le laissa libre.

Or, c'était une vocation.

La prière, la science, la charité se partagèrent dès lors la vie du jeune étudiant. Le 9 mars 1853 il s'enrôlait dans la Société de Saint-Vincent de Paul et il s'en allait, joyeux, porter aux malades des hôpitaux et aux familles confiées à son zèle, les petites sommes que son père lui donnait pour ses menus plaisirs. « Mes menus plaisirs ne me ruinent pas, écrivait-il plus tard, je n'en ai pas d'autre que la chasse. » Or les grands bois de Luminy lui permettaient de goûter à l'aise cet utile et noble plaisir sans compromettre les ressources que savait si bien épuiser sa charité. Il devait d'ailleurs, un jour, sacrifier cette dernière récréation, à laquelle il reprochait encore de lui dérober un temps qui appartenait aux pauvres et à Dieu.

Au mois d'avril 1856, résolu à embrasser définitivement la carrière médicale, Augustin Fabre se rendit à Paris. Il se fit inscrire à cette célèbre école de médecine qui a donné à la France et au monde d'illustres savants, mais qui a commis et qui commet encore l'impardonnable faute de laisser croire et de laisser dire qu'elle est matérialiste. Grâces à Dieu, de cette école de nombreux élèves sont sortis croyants et chrétiens; devenus maîtres, ils ont formé à leur tour une génération de médecins qui honorent leur cité et leur pays, autant par la fidélité de leurs convictions religieuses que par la sûreté de leur science et la générosité de leur dévouement.

Augustin Fabre fut un de ces élèves et il a été parmi nous un de ces maîtres.

Son séjour à Paris révéla bientôt le sérieux de son esprit, l'énergie de son caractère et les qualités aimables de son cœur. Il ne prit d'ailleurs à la brillante et dangereuse capitale que ce qu'elle peut donner de bon aux âmes hautes et pures : la sûreté et l'étendue de la science, l'élévation de la pensée, la grâce de la parole et du style, la solidité des croyances et de la vertu.

Sa modeste chambre d'étudiant, l'hôpital ou l'école, l'église Saint-Sulpice et la mansarde des pauvres. C'est là pour lui tout Paris.

Si bien qu'il peut écrire, après deux ans passés en cette grande ville, en 1858, au lendemain d'une catastrophe qui a donné quelques inquiétudes à sa famille : « Ne vous trou-

« blez pas beaucoup quand vous entendrez parler d'accident
« du côté de l'Opéra, *je ne sais pas même où il est.* »

Singulière réflexion sans doute sous la plume d'un étudiant !
Mais elle n'étonnera aucun de ceux qui ont connu dans sa
jeunesse le docteur Fabre. Il a de plus sérieuses préoccupations que les préoccupations du plaisir, il a de plus nobles
affections.

Il aime la science, il sait qu'elle honore la foi du croyant
et qu'elle garde la vertu de l'homme ; il a pour elle un vrai
culte, et à ce culte il sacrifie toutes les séductions dont Paris
entoure toute sa jeunesse.

Il se plaît en sa chambre d'étudiant, cette chambre si modeste, si simple, si pauvrement meublée que sa mère, quand
elle la vit pour la première fois, en fut émue jusqu'aux larmes. Là il étudie, il note, il écrit, il cherche, il croit faire
des découvertes merveilleuses, il rêve des succès impossibles
qui flattent sa passion de savoir sans émouvoir son amour-
propre. Là, il travaille avec acharnement, et, quand il rend
compte de ses laborieuses journées à sa mère, il écrit sans
prétention et avec une touchante sincérité : « Je ne travaille
pas assez, je ne travaille que dix ou douze heures par jour. »

Là, il entretient avec sa famille une correspondance intime,
dont la régularité ne se dément jamais et où le cœur déborde
en sentiments d'une inexprimable délicatesse qui révèlent le
plus beau côté de cette âme si belle : la générosité et la tendresse de ses affections.

Là enfin il prie. Il a donné la place d'honneur à une gracieuse
image de la Vierge que la pieuse main d'une sœur dessina
pour lui. A genoux devant elle, il se forme à cet amour de
Marie qui donnera plus tard à Notre-Dame de la Garde son
plus fidèle pèlerin et son plus fervent apôtre. Sous le regard
et la bénédiction de cette Mère il se console de l'absence de

ceux qui lui sont chers et il écrit à sa famille en parlant des douleurs de la séparation à laquelle ses études le condamnent : « Ce moment n'est pas trop triste pour être le plus pé-
« nible que j'aurai à passer dans le courant de mes études.
« Jetons un regard d'espérance vers l'avenir et vers le ciel.
» On trouve toujours dans l'*Imitation* ce qui convient le
« mieux. Je l'ouvre et je tombe sur cette ligne : « *Consolez*
« *mon exil, adoucissez ma douleur.* » Elle m'a fait sensation
« et je puis vous assurer que je ne me sens pas malheureux. »

De sa chambre d'étudiant il se rend chaque jour à l'hôpital ou à l'école, par le plus court chemin, ne s'arrêtant que pour saluer Notre-Seigneur en l'église voisine. Son opiniâtreté au labeur, la pénétration de son esprit, la hardiesse de ses vues et une certaine indépendance, modeste mais franche, dans l'étude, lui conquièrent l'estime de ses maîtres, même de ceux qui ne pensent pas comme lui. Ses condisciples sont pour lui des amis. L'aménité de son caractère et la générosité de son cœur lui attirent des sympathies qui résistent aux oppositions des croyances religieuses et que les passions politiques, si promptes cependant à ruiner les plus vieilles amitiés, ont fidèlement respectées.

Sur un seul point l'étudiant catholique était un élève insoumis et quelquefois un élève hardi : la foi. Silencieux devant les négations de quelques-uns de ses maîtres, il s'affirmait sans timidité comme sans ostentation dès qu'on lui donnait la parole. Il n'hésita pas, un jour, dans un examen public, à rendre un solennel hommage à la Providence de Dieu. Un murmure d'étonnement et de blâme s'éleva dans l'auditoire, plusieurs juges eurent sur leurs lèvres un dédaigneux sourire et le vaillant jeune homme dut subir, en expiation de son courage, un classement inférieur à celui que ses brillantes réponses lui avaient mérité. Il fut assez grand pour ne pas s'en plaindre et pour ne pas s'en flatter. Un mot malicieux à l'adresse de certains personnages, timidement glissé dans une lettre intime, fut sa seule vengeance.

Quand les cours de l'école et ses études solitaires lui laissent quelques loisirs, il prend le chemin de Saint-Sulpice. C'est son église de prédilection : les cérémonies religieuses y sont belles, les chants y sont purs, l'affluence des fidèles y est grande, la piété de tous y répand le charme sérieux d'une mutuelle édification. C'est là que le jeune étudiant assiste aux offices du dimanche, le matin et le soir, et qu'il prend cet esprit de paroisse dont il donnera plus tard de si salutaires exemples. C'est là qu'il s'arrête souvent, entre deux courses à l'hôpital et chez un malade, pour recevoir en passant la bénédiction de Dieu.

Les pauvres ont encore les préférences de son cœur. A peine arrivé à Paris, il s'est fait admettre dans la Société de Saint-Vincent de Paul et bientôt il est élu vice-président de sa conférence. C'est sur le conseil de son père qu'il accepte « cette dignité ou plutôt cette charge. » Aussi bien en remplira-t-il les devoirs avec une générosité qui déjà ne sait plus et ne veut plus compter. Il distribue *à ses pauvres* tout ce que sa famille lui envoie, se condamnant lui-même à une parcimonie qui provoque plus d'un étonnement et lui attire plus d'un reproche, mais dont il ne se corrige pas.

Les pauvres de Marseille ne sauraient être oubliés. Il y a place pour tous en ce noble cœur. A l'heure du tirage au sort la fortune l'a heureusement servi, il a tiré un bon numéro. Son père lui offre la somme préparée pour lui donner un remplaçant militaire. « J'accepte, répond-il, cet argent inespéré, mais à la condition qu'il sera partagé entre les pauvres de Marseille et ceux de Paris. » — On lui apprend que sa mère met à sa disposition une somme : « Je regretterais,

« écrit-il aussitôt, que cet argent dont vous vous privez pour
« moi s'en allât grossir au comptoir un magot qui est déjà
« volumineux. Je verrais avec quelque remords qu'il se chan-
« geât en un objet de luxe, je désire que vous l'employez
« bien pour moi et que vous me fassiez ainsi cadeau du mé-
« rite d'une bonne œuvre. »

Tel est l'étudiant. On devine ce que sera le docteur.

Augustin Fabre, revenu à Marseille à la fin de ses études médicales, s'unit à la pieuse et noble femme qui devait, en partageant sa vie, partager ses vertus. Il subissait en 1861 les examens du doctorat et s'établissait définitivement parmi nous.

Dieu l'appelait à remplir en sa ville natale une grande mission.

« Il est une pensée qui me rassure, écrivait-il, c'est une
« confiance entière dans la Providence. Elle m'a poussé dans
« la carrière médicale sans que personne dût s'y attendre,
« sans que moi-même, quoi qu'il y paraisse, j'eusse au début
« un goût bien prononcé pour ces études que je poursuis
« aujourd'hui avec bonheur. Aussi ne suis-je jamais inquiet
« pour l'avenir. »

Pourquoi aurait-il été inquiet ? Il avait reçu du ciel une belle vocation et il était fidèle.

Cette vocation, M. César Fabre, le père du docteur, la caractérisa un jour d'un mot qui devait être une prophétie. Un de ses amis, l'ayant rencontré quelque temps après le départ du jeune Augustin pour Paris, lui dit : « Si j'étais le fils de M. César Fabre et que mon père eut votre portefeuille, je ne me ferais pas médecin. » — M. César Fabre prenant la main de ce complaisant ami lui répondit avec une émotion mal contenue :

« *Il sera le médecin des pauvres.* »

II

L'HOMME DE FOI

E *médecin des pauvres* ; le *bon docteur*. Le peuple ne connaissait pas sous d'autres noms Augustin Fabre, et, au jour de ses funérailles, parmi les regrets et les louanges qu'une foule émue répandait sur son passage, nous avons souvent recueilli cette parole touchante et vraie : C'est le triomphe de la charité.

Sans doute le docteur Fabre était le *bon docteur* ; sans doute la charité brillait au rang d'honneur parmi les vertus maîtresses de son âme. Toutefois ce serait mal connaître cette grande figure de chrétien que de saisir en elle ce seul trait. Il est peut-être le plus éclatant, il n'est certainement pas le plus beau.

D'ailleurs la charité n'est pas une vertu première : elle suppose la foi et l'amour de Dieu. Elle n'est pas la racine ni la sève ; elle est l'une des mille branches qui donnent au monde les fruits merveilleux des vertus chrétiennes. La racine est la foi, la sève est l'amour. Or si les fruits que la charité donne ont le privilège de provoquer la reconnaissance et de retenir l'admiration des hommes, il est juste de reporter cette reconnaissance et cette admiration à la racine qui a poussé la branche, à la sève qui l'a fécondée, à la foi et à l'amour, desquels naît la charité.

Le docteur Fabre fut donc avant toutes choses un croyant.

Certes, il était aussi un savant. Nous nous plaisons à le rappeler, non pas que sa foi en soit plus méritoire, puisque rien ne conduit plus sûrement à Dieu que la vraie science ; mais sa foi éclairée, ferme, vaillante et hardie est à la religion catholique un plus précieux témoignage et à ce siècle incroyant un plus puissant exemple.

D'autres diront un jour ce que fut le savant. Déjà des voix autorisées, parlant sur sa tombe, ont salué en lui « un grand maître et un grand médecin (1) ». On s'est plu à louer la sûreté de sa doctrine, la vaste étendue de son savoir, la rare élévation de ses vues, son étonnante puissance d'observation, l'élégance même et parfois la mâle éloquence de sa parole, la haute autorité enfin et l'irrésistible charme de son enseignement.

« Grand maître », il enthousiasmait ses élèves par la beauté de ses leçons autant qu'il s'en faisait aimer par le dévoûment simple et généreux dont il les entourait. Il était professeur, en 1864, à l'âge de vingt-huit ans. « Je dois ajouter, nous écrit un de ses plus brillants et de ses plus chers disciples, que M. Fabre avait fondé à Marseille un enseignement qui était à la hauteur des chaires les plus suivies de Paris ; qu'il était une gloire pour notre école. Son nom commençait à être des plus connus en Europe et ses ouvrages étaient cités dans tous les articles récemment publiés. Il avait une élégance de parole qui rendait très attrayants ses cours, remarquables à la fois par la plus vaste érudition et par l'élévation des idées. C'était là le caractère particulier de notre maître appelé à devenir chef d'école. »

« Grand médecin », il apportait à l'accomplissement de sa difficile mission, avec une science profonde et un coup d'œil toujours sûr, une bonté inaltérable, une exquise délicatesse et un dévouement qui ne se démentait jamais. Aussi bien possédait-il la confiance de tous, et peu de consultations se

(1) Paroles prononcées aux funérailles du docteur Fabre par M. Chapplain.

donnait à Marseille sans qu'on ne fit appel à sa haute expérience et à son grand savoir.

Or, ce serait en vain qu'on essaierait de découvrir dans le docteur Fabre deux hommes secrètement hostiles ou seulement séparés : le croyant et le savant. En cette belle intelligence la foi et la science s'unissent et mêlent leurs lumières ; le savant et le croyant sont en lui un même homme, un homme convaincu qu'il n'y a pas d'antagonisme possible entre la science et la foi ; qu'en s'inclinant devant la foi la science demeure grande et libre ; que l'avenir appartient à la foi, mais à la foi défendue, honorée, glorifiée par la science.

Nous lui laissons la parole. Ces lignes, que nous empruntons à ses deux principaux écrits philosophiques (1), nous révèleront dans cet énergique croyant un profond penseur et un habile écrivain.

A ce double titre nul ne regrettera l'étendue de ces citations ; elles dévoilent d'ailleurs le côté le moins connu de la vie et de l'œuvre de l'éminent docteur.

La science a prétendu se détourner de Dieu et s'armer contre lui, mais elle reviendra forcément à Dieu. C'est sa conviction dès longtemps arrêtée et il l'affirme dans un hardi et beau langage :

« Nous allons, d'un moment à l'autre, assister aux convulsions violentes d'une civilisation qui se meurt. L'homme moderne a prétendu tracer à Dieu les limites de son empire : il lui a dit : je veux bien, pour quelque temps encore, tolérer qu'on t'adore dans le temple et au foyer domestique, mais tu ne dépasseras ni la porte du temple, ni le seuil du foyer ; et partout, dans le domaine de la politique comme dans le champ de la science, l'homme a pris la place de Dieu..... Quand la révolution philosophique aura déroulé ses dernières conséquences et dit son dernier mot ;

---

(1) *Du Positivisme et de la méthode positiviste en médecine. — De la Philisophie chrétienne et de son influence en médecine.*

quand le scepticisme impuissant qui s'apprête à lui succéder aura dégoûté nos esprits qui aspirent à la vérité et qui ont besoin de la rechercher, alors la *science se tournera de nouveau vers Dieu et reviendra à la doctrine traditionnelle révélée par la religion*.....

« Aujourd'hui les savants croient ne pas avoir à s'occuper de Dieu. Mais ce silence ne sera plus de longue durée. Le libéralisme scientifique, qui paraît encore plein de vie, va bientôt mourir. Son œuvre est accomplie. Utile à entraver les bonnes doctrines et à favoriser les mauvaises, la science indépendante n'était que le prologue de la science athée. Maintenant, à mesure que l'intrigue se dévoile, les hommes intelligents ne pourront plus en être les complices.

« Ou guerre à Dieu ou gloire à Dieu, voilà les devises entre lesquelles désormais il faudra choisir. Plus d'indifférence dédaigneuse ni de lâche tiédeur. A la révolution, qui a la haine de Dieu pour origine première et l'athéisme pour but final, opposons carrément le vrai progrès, qui peut être caractérisé par cette formule :

« LA SCIENCE ÉCLAIRÉE PAR DIEU ET DIEU GLORIFIÉ PAR LA SCIENCE. »

C'est le langage de la foi et il nous plaît de le trouver sous la plume éloquente et émue d'un tel homme.

Mais qu'on ne l'accuse pas de vouloir compromettre, par le triomphe de la foi, la liberté ou la grandeur de la science. Il prétend demeurer grand en restant humble, et libre en restant soumis. Et c'est avec de fiers et chauds accents qu'il venge à la fois la liberté et la grandeur du savant chrétien :

« On daigne quelquefois ajouter que, privés de liberté, l'habitude de la soumission docile nous ayant asservis, nous nous accoutumons à perdre le sentiment de notre dignité et de cette fière hardiesse qui appartient au courage. Notre dignité, nous la connaissons mieux que ceux qui rabaissent l'esprit jusqu'à le confondre avec la matière, tandis que notre science, dans sa doctrine, et nos dogmes, dans leurs promesses, ennoblissent en nous non-seulement l'esprit mais la matière unie à l'esprit. Notre dignité, nous la connaissons mieux que ceux qui cherchent leurs lettres de noblesse dans la famille des singes, tandis que nous, enfants de Dieu, nous aspirons à retourner vers Dieu, qui est l'infini dans le vrai, dans le beau et dans le bien. Du courage et de la fierté, nous en manquons, il est vrai, pour railler ce qui est saint et vénérable, mais s'il faut braver les mépris, briser les légitimes ambitions et renoncer aux honneurs de ce monde, alors nous en aurons, parce que nous cherchons notre gloire dans la gloire de Dieu. »

Voilà la grandeur. Voici maintenant la liberté :

« Si le XVIIe siècle, le siècle des Newton et des Pascal, fut l'époque des grands hommes et des grandes découvertes de la science pure, ces hommes furent tous des hommes de foi, et leur gloire est incomparablement supérieure à celle des savants du XVIIIe siècle, qui avaient secoué le joug de la religion. Non, le génie chrétien n'est pas captif ; non, il n'abdique jamais sa personnalité ; il *jure quelquefois par la parole d'un maître, mais ce maître c'est Dieu.* »

Et cependant s'il fallait qu'un jour il se décidât entre la foi et la science, il n'hésiterait pas, car pour lui « une tête illuminée de science ne vaut pas un cœur qui vibre aux divines harmonies de l'amour. »

Ce choix, il n'eut jamais à le faire. Il fut et il s'honora d'être tout ensemble un savant qui croit et un croyant qui sait. Il fut tout à la fois « un cœur qui vibre aux divines harmonies de l'amour et une tête illuminée de science. »

Et maintenant, que cette foi descende des sommets où elle a su trouver, pour se dire elle-même, des accents d'une telle éloquence ; qu'elle devienne le souffle inspirateur et la flamme vivifiante des œuvres : elle ne perdra rien de sa grandeur.

Modeste et simple, sa foi lui inspire des mots pleins d'élévation et de grâce : « Je ferai les remèdes que vous « m'ordonnez, lui dit un jour une malade, je les ferai avec « confiance parce que je sais que vous êtes un saint. » Le bon docteur sourit, et se retournant vers un berceau où reposait un petit enfant, il s'incline, baise l'enfant au front et répond : « Voilà le saint, celui qui n'a jamais offensé Dieu. »

A une autre malade qui, dans l'élan de sa reconnaissance, veut lui saisir les mains pour les baiser : « Non, répond-il, il faut baiser les pieds de Jésus : seul il mérite cet hommage. »

C'était l'usage, dans une de nos plus saintes communautés religieuses, qu'à chacune de ses visites le pieux docteur recevait les « commissions des sœurs pour Notre-Dame de la Garde ». « Oui, oui, bien volontiers je m'en charge », répondait-il avec une ineffable bonté. A son retour on s'empressait de lui demander s'il avait été fidèle, et, lui, souriant : « Oui, j'ai bien tout dit. »

Sa foi lui inspire des actes en apparence étranges. On s'étonnera peut-être d'en trouver le récit dans ces pages, cependant notre plume n'hésite pas à l'écrire, car de semblables traits édifient ceux qui les comprennent et ils sont au-dessus des sourires ou des blâmes de ceux qui voudraient les condamner. Ayant accepté d'être le parrain d'une jeune novice au jour de sa profession religieuse, il ne put pas assister à la touchante cérémonie. Le soir, il accourt pour féliciter l'heureuse Professe : « Maintenant que vous êtes l'épouse de Jésus-Christ, « lui dit-il en se mettant à genoux, vous allez me bénir. » Confondue devant cet excès d'humilité, la pauvre sœur recule et se détourne, il insiste : « Puisque la sainte religion « vous élève à une si haute dignité, je ne suis pas même « digne d'être à vos pieds. »

Confiante et hardie, sa foi demande et obtient souvent des miracles.

On nous a dit qu'il était un croyant en médecine — et il paraît qu'ils sont rares — mais il croyait surtout à l'efficacité de la prière de l'homme et de la toute puissance de Dieu.

Et que nul ne s'en étonne : si c'est faiblesse et naïveté, c'est la faiblesse d'un savant et la naïveté d'un grand cœur.

Savant, le docteur Fabre croyait qu'une science dépasse la science de l'homme et qu'une force confond la force de l'homme : la science et la force de Dieu. Grand cœur, il devinait que le cœur de Dieu se laisse volontiers attendrir par la prière de l'homme et met volontiers au service de notre misère native sa science et sa force divines.

Aussi affirmait-il simplement et avec une grâce charmante sa foi au miracle.

« Pas de remède aujourd'hui, disait-il un jour à une de ses malades, laissons faire le grand médecin. » Le grand médecin c'était Jésus-Christ venu, quelques heures auparavant, apporter à la pauvre souffrante ses consolations et ses grâces.

Il a, d'ailleurs, pour demander et obtenir des miracles, un tout-puissant secret, que volontiers il révèle à qui est apte à le comprendre : c'est une confiance sans mesure en la bonté de Marie. Nous dirons plus tard comment il aima la *Bonne-Mère*, mais nous avons hâte de dire ici comment il comptait sur sa maternelle intercession.

Le diagnostic d'une maladie semblait-il vouloir échapper à son coup d'œil pourtant si sûr ? Bien vite il consultait Celle qui obtient aux humbles et aux confiants la lumière. Plus d'une fois il redescendait de la sainte colline, alerte et joyeux, et s'en allait en toute hâte auprès d'un malade qui attendait depuis la veille le mot révélateur de ses souffrances.

Les ressources, pourtant si multiples, de sa science médicale se trouvaient-elles en défaut devant une complication de maux qui déconcertait à la fois son dévouement et son savoir ? Il ne se décourageait pas encore. Car le docteur avait enrichi sa thérapeutique d'un nouveau et radical remède : l'intervention de Marie. Il en usait avec une aveugle confiance et comme un fils use de la bonté et de la puissance d'une mère tendrement aimée : jusqu'à un saint excès.

Tantôt, aux jours où nous étions libres, il faisait arrêter devant la maison du malade Notre-Dame de la Garde portée en procession à travers les rues de la cité qui acclamait sa mère, et, donnant lui-même le signal des prières et des chants, il demandait et obtenait une guérison impossible. Tantôt il donnait un pieux rendez-vous aux pieds de Notre-Dame, et, rencontrant sur le penchant de la colline l'enfant malade que sa mère ne pouvait plus porter, il le prenait dans ses bras, il le montait au sanctuaire, puis, arrivé au seuil de la chapelle, il le baisait au front et le remettait entre les mains de sa pauvre mère étonnée, attendrie et en larmes.

Une infirme l'appelle : elle est atteinte d'un mal que la science déclare incurable. Le bon et savant docteur la questionne, l'examine, demeure quelques instants en silence, puis, comme s'il obéissait à une inspiration d'en haut : « Pauvre enfant, dit-il, montez demain à Notre-Dame de la Garde et vous viendrez me voir après votre pèlerinage. » Elle alla en effet, poursuit le vénérable prêtre de qui nous tenons ce récit, aux pieds de la *Bonne Mère* ; péniblement elle avait gravi la sainte montagne. Le docteur Fabre, lui, répandait déjà sa prière quotidienne aux pieds de Marie.... Que se passa-t-il dans ce pieux rendez-vous de la confiance et de la souffrance auprès du vrai *secours des chrétiens ?*... Dieu seul le sait !...

Le lendemain, le docteur Fabre entendait, chez lui, ce récit : « J'ai souffert en montant au sanctuaire ; selon votre conseil, j'ai prié Notre-Dame ; bientôt toute douleur a cessé ; revenue chez moi sans souffrance, j'ai repris mon travail, maintenant je suis bien. » A ce récit, le docteur répondit par un de ces sourires qu'on aimait tant à lui voir. « Eh bien, dit-il, vous remonterez au sanctuaire pour remercier la Très-Sainte Vierge ; Marie vous a guérie. Je vous l'avoue maintenant, votre état était désespéré. »

Ce singulier docteur qui, à l'encontre de bien d'autres beaucoup moins savants que lui, avait la naïveté de croire encore au miracle, devait être un fervent pèlerin de Lourdes. En effet, il l'était. Il organisait lui-même les pélerinages, il offrait des places aux pauvres et il y accompagnait ceux de ses malades dont il désespérait.

« Vous pouvez bien remercier la Sainte Vierge, écrit-il à
« une personne qui lui a demandé l'autorisation d'aller à
« Lourdes, et *faire un acte de confiance absolue en sa pro-*
« *tection*, car c'est à elle que je vous ai remise en vous
« accordant une autorisation contre laquelle ma prudence
« humaine se révoltait ; comment aurais-je pu lui refuser ce
« qu'elle me demande ? Vous devez bien attendre la réponse
« sans la moindre inquiétude et moi je vous remercie de
« m'avoir fourni l'occasion d'être agréable à notre Bonne
« Mère. »

Les douze cents pèlerins de 1881 n'ont pas oublié le spectacle vraiment touchant et beau que leur offrit la foi simple et sublime du saint docteur. Il avait conduit lui-même à la grotte miraculeuse une infirme qu'il soignait depuis quatorze ans sans aucun espoir de la guérir. Or, tandis que la foule anxieuse et émue demande à Dieu de récompenser par un miracle cette foi merveilleuse, il prie M. le directeur du pèlerinage de donner l'extrême-onction à la malade qui n'avait plus qu'un souffle de vie, puis il la plonge dans la piscine, jetant au cœur de Marie le cri de sa confiance, et elle sort guérie.

Aussi lui demandait-on souvent des prières autant que des remèdes, et quand on lui annonçait que le malade pour lequel il avait prié souffrait moins : « Je savais bien, répon

« dait-il avec un sourire plein de sincérité, je savais bien
« que Notre-Seigneur est meilleur médecin que moi, je savais
« que la Sainte Vierge le guérirait. »

Quand elle s'est emparée d'une âme, la foi se glisse et se mêle, pour l'ennoblir et la sanctifier, en chacune et en la moindre de ses œuvres. Sur tout elle met son caractère qui est la grandeur et la beauté.

Même quand il se repose et se récrée, le docteur Fabre agit en homme de foi.

Aux environs de Luminy se dresse une haute montagne, aux sentiers abrupts, aux abords escarpés et rudes, dont le front dévasté domine les sommets qui l'entourent ; le peuple l'appelle la *Tête-Puget*. Le docteur Fabre a résolu de planter une croix sur ce rocher. Il prend la croix sur ses épaules, une croix longue, large, pesante, et il gravit péniblement les flancs de la montagne. La prière est le seul repos de cette ascension difficile, la foi en est la force, l'amour en est le charme. Arrivé au plus haut sommet, le dévot pèlerin, aidé par un jeune prêtre qui fut aussi le meilleur de ses amis, plante la croix, prie longuement à ses pieds, la baise avec une respectueuse tendresse et redescend.

Il espérait que le voyageur, apercevant de loin la croix, la saluerait avec respect et avec amour, sans jamais savoir le nom de celui qui l'avait dressée, là, sur sa route. Il comptait sans la pieuse indiscrétion de l'amitié.

Cette indiscrétion nous a valu de savoir qu'à ses heures le docteur était poète. Un missionnaire lui ayant adressé sous ce titre: *Au Porte-Croix de la Tête-Puget*, un gracieux sonnet, pour le féliciter de ce grand acte de foi, il répondit par des vers charmants, que nous citons volontiers parce qu'ils nous révèlent la naïve et délicieuse simplicité à laquelle la foi sait faire condescendre les plus hautes âmes.

Le missionnaire disait :

AU PORTE-CROIX DE LA TÊTE-PUGET

Pardonne au délateur ! la charité t'en prie ;
Je connais un exploit que tu voudrais cacher ;
Je sais tes longs efforts, ton épaule meurtrie,
Et tes flots de sueurs inondant le rocher.

Au moment où Satan et le monde en furie
A l'assaut de la croix partout semblent marcher,
Tu fais à ta bannière adorée et chérie
Un piédestal où rien ne pourra l'arracher.

Et maintenant tu crains le fléau des louanges,
Mais rendras-tu muets, Dieu, les saints et les anges,
Qui te glissent tout bas des éloges sans prix ?

Permets-moi de te dire en langue plus sonore :
Aux yeux de tout chrétien ton action t'honore ;
Rassure-toi d'ailleurs, nul n'en sera surpris.

Notre-Dame de la Garde, 20 septembre 1874.

J. B.

Le docteur répondait :

RÉPONSE DU PORTE-CROIX AU MISSIONNAIRE POÈTE

Je vous blâmerai, cher poète ;
Pourquoi donc m'avez-vous flatté ?
Offrez votre cœur, votre tête,
Vos vers au Dieu de vérité.

De la Croix chantez le mystère ;
Que sur vos vers coulent vos pleurs :
Votre Parnasse est au Calvaire ;
Suivez la Vierge aux Sept douleurs.

Sur vous je veux une victoire,
Elle sera, mon doux flatteur,
A qui donnera plus de gloire
A Jésus notre rédempteur.

Je suis vaincu, je dois me taire ;
Entonnez l'hymne des vainqueurs :
J'ai planté la croix dans la terre
Et vous la gravez dans les cœurs.

20 Septembre,
en la fête de N.-D. des Sept douleurs.

III

L'ADORATEUR

A charité de Dieu explique seule la charité de l'homme. Seule, elle en est le principe, la lumière et la force, comme seule elle peut en être, dès ce monde et au ciel, la récompense.

Or en la sainte Eucharistie se rassemble, comme dans un foyer d'où elle rayonne sur le monde, toute la charité de Dieu. C'est à ce foyer divin que, depuis plusieurs années, le bon docteur venait, chaque matin, raviver les flammes de sa propre charité. Rien ne lui faisait sacrifier ce bonheur de la communion quotidienne, pas même les fatigues d'un long voyage : on l'a vu, descendant de la gare à une heure très avancée, quand toutes les messes étaient déjà célébrées, entrer dans l'église la plus voisine et demander comme une faveur de se nourrir du pain des forts avant de reprendre sa vie de travail et de dévouement.

Nous dirions volontiers que le tabernacle fut son repos.

Lui qui trouvait à peine le temps de prendre ses repas et qui ne trouvait plus le temps de visiter ses amis, il avait encore des heures à consacrer à Notre-Seigneur, « au divin prisonnier » comme le nommait sa piété délicate, « à son meilleur ami. » Il est vrai que ces heures données à l'adoration étaient ravies à son sommeil, mais cette privation lui était une joie, à lui qui écrivait : « Mon rêve, vous le savez,

« serait de garder Jésus seul et caché dans le tabernacle ;
« mais je n'en suis pas digne. »

Il n'en était pas digne ! Et cependant quelle merveilleuse intuition de l'auguste mystère ! Quelle élévation et quelle délicatesse en sa piété quand elle parle du Dieu de nos tabernacles ! Quelle âme eucharistique que cette âme, dont la foi et l'amour se trahissent en de semblables élans :

« Il me semble, écrit-il, que nous devrions l'aimer dans
« l'humilité du tabernacle plus encore qu'au ciel dans la
« splendeur de sa gloire. En voyant combien il se fait petit
« et à quelle prison il se condamne pour se mettre à la portée
« des pauvres pécheurs comme nous, nos cœurs brûleraient
« d'amour s'ils étaient moins impurs. Le bonheur d'appor-
« ter un peu de consolation à ce Dieu qui s'abaisse ainsi
« pour nous devrait nous être plus précieux que les joies du
« paradis, puisque c'est le bonheur de lui donner quelque
« chose.

« C'est à ce moment que nous voudrions être purs pour
« lui être agréables, être grands pour lui faire honneur ;
« mais n'étant rien nous-mêmes et ne pouvant, moi du
« moins, rien lui offrir qui soit capable de lui plaire, il nous
« reste encore une ressource, c'est le Cœur Immaculé de
« Marie et de lui dire :

« *Domine ne respicias peccata mea sed oculi tui videant*
« *æquitates Mariæ*.

« Comprendre et aimer l'Eucharistie c'est le ciel : humi-
« lions-nous, c'est parce que nous sommes coupables que
« nous ne savons ni assez le comprendre ni assez l'aimer. »

Aussi il souffrait amèrement de voir Notre-Seigneur abandonné dans sa vie pauvre et cachée au tabernacle. « Lorsqu'il venait au Monastère, durant les jours des Quarante-

Heures, nous écrit la Mère abbesse d'une de nos grandes communautés religieuses, M. Fabre entrait toujours auparavant dans l'église pour y adorer le Très-Saint Sacrement, et on comprenait à son attitude les sentiments d'anéantissements qui l'animaient en présence du Roi des rois. Que de fois son cœur était navré d'y voir, à certaines heures, si peu d'adorateurs ! « Au moins, disait-il avec une douloureuse émotion dès qu'il se trouvait dans la clôture, au moins y a-t-il des religieuses au chœur ? car dans l'église Notre-Seigneur est tout seul. » Et il nous exhortait à faire réparation à Jésus-Hostie pour une telle indifférence. »

Marseille doit à cet amour du saint docteur pour l'Eucharistie la moins connue mais non la moins précieuse de ses œuvres de piété : l'adoration nocturne.

Pendant la nuit du jeudi au vendredi, un groupe d'hommes se réunit dans une de nos chapelles pour adorer Notre-Seigneur, en souvenir de la nuit douloureuse du prétoire et en réparation des outrages qui renouvellent parmi nous la passion du Sauveur.

Il fut le promoteur de cette institution. Nous avons sous les yeux le texte de l'appel qu'il adressa, de concert avec d'autres, vaillants comme lui, aux hommes de bonne volonté de notre ville et en particulier à la jeunesse catholique. Il demande des *factionnaires* pour garder Dieu pendant les heures de la nuit, dans la solitude de sa vie eucharistique. Il organise à cet effet une *commission de recrutement* et il veut en être, non pas le chef, mais un des membres les plus actifs.

L'œuvre, on le voit, a quelque peu l'allure militaire : c'est qu'il faut un certain courage pour en remplir les engagements. Elle n'en est pas moins et exclusivement une œuvre de prière, d'adoration, de silence et de paix.

Le soir venu, les adorateurs se rassemblent dans la maison qui leur offre l'hospitalité et où ils trouvent le Saint Sacrement solennellement exposé. Le sort désigne à chacun d'eux l'heure qu'il passera devant le Saint Sacrement. En attendant cette heure, ils reposent sur un lit de camp, qui leur réserve un sommeil de pénitence, bientôt interrompu par la voix du veilleur appelant l'adorateur à la prière.

Au docteur, qui arrive toujours le premier après une journée de rude labeur, on offre de prendre la première heure de la nuit afin qu'il puisse avoir encore quelque repos. Il refuse et s'en remet au sort, heureux quand le sort lui donne une occasion nouvelle de souffrir pour Notre-Seigneur. Il fera son adoration à son heure et ne se retirera qu'après la messe qui clôture cette sainte nuit.

Heureuse nuit, pleine de consolations et de grâces pour cette âme! Le saint commerce d'amitié qui s'établit, pendant ces heures délicieuses, entre Jésus et son adorateur, nul n'essaiera de le dire. Ce fut toujours là un des mystères sur lesquels la modestie du docteur eut soin de laisser retomber le voile discret du silence. Au lendemain d'une de ces nuits de prières, une religieuse osa lui demander s'il goûtait les douceurs divines au pied du tabernacle. Il ne répondit pas, mais détournant la tête, il cacha ses larmes.

Et cependant cette institution pacifique peut devenir une institution de combat. Elle offrira, un jour, aux catholiques l'occasion solennelle de se réunir aux pieds du Saint Sacrement et de faire entendre au ciel et à la terre les protestations indignées de leur foi. Qui prendra alors la parole au nom de tous? Evidemment ce sera lui.

Le 29 mai 1878, à toutes les trahisons dont elle était coupable la France ajouta une trahison nouvelle, qui fut aussi pour elle une honte. Elle célébra l'apothéose de Volaire.

Mille voix se levèrent de toutes parts pour protester, et des plumes vengeresses flagellèrent, en des pages qui ne périront plus, le misérable héros de la Libre-Pensée.

Ce crime public demandait une réparation. Elle fut universelle dans la France catholique. Marseille l'emporta sur toutes les autres villes par l'élan de sa foi et le magnifique empressement de son amour. On se réunit, le soir, dans la chapelle des religieux du Très-Saint Sacrement. Les hommes seuls prirent part à cette cérémonie d'expiation et la chapelle ne put tous les contenir. Le docteur Fabre qui les avait convoqués se fit leur interprète, et, d'une voix émue il prononça une amende honorable que lui avaient dictée sa foi outragée et son amour blessé.

Voici ces nobles et belles paroles. Quand des âmes de cette trempe, sous l'empire d'un grand sentiment qui les domine, déchirent d'elles-mêmes les voiles et consentent à se trahir, ce nous est un devoir et une joie de saisir au passage ces révélations rapides, que leur modestie regrette un jour mais que l'admiration publique ne leur rend plus :

« Notre Roi, notre Sauveur et notre Dieu, en ce jour où les anges célèbrent votre entrée triomphale dans les cieux, les hommes vous ont préparé un nouveau calvaire ! Vous n'y serez pas seul. Comme saint Jean, nous sommes les fils de Marie. Comme saint Jean, nous nous tenons au pied de votre croix ; et avec l'aide de notre divine Mère, nous y demeurerons.

« Aujourd'hui même vos bourreaux vous ont flagellé ; ils vous ont couronné d'épines ; ils vous ont crucifié ; ils ont fait à votre Cœur une blessure plus cruelle encore que la première, car ces bourreaux ce sont des enfants de la France, ce sont vos propres enfants.

« Mais votre sang ne sera pas cette semence qui tombe dans le chemin ; nous sommes ici pour le recevoir, et demain, à la première heure, il coulera dans nos cœurs pour les embraser de votre amour. Vos regards, qu'en ce moment même vous abaissez sur nous, rencontreront nos regards qui vous exprimeront notre reconnaissance et notre repentir. Et quand vous parlerez à nos cœurs et que vous leur direz : j'ai soif, nous vous dirons : Seigneur, nos cœurs ne sont que des rochers arides, mais touchez-les et il en sortira des sources d'eau vive. Puissions-nous ainsi, sur ce nouveau calvaire, calmer vos angoisses et soulager vos douleurs.

« Aujourd'hui, Seigneur, pendant que la terre vous outrage et vous renie, le ciel célèbre votre triomphe ; O Jésus, n'abandonnez pas cette pauvre terre ! vous nous avez promis de rester avec nous jusqu'à la consommation des siècles, et cette promesse, vous la tenez, puisque ce soir encore et ici même vous êtes avec nous. Mais nous vous demandons davantage. Sortez de vos églises, Seigneur Jésus. Si les impies vous barrent nos rues, parcourez au moins nos campagnes; si nous ne sommes pas dignes que vous vous reposiez au seuil de nos maisons, du haut de nos saintes collines, bénissez-nous, ne nous laissez pas orphelins.

« Demeurez avec nous, non-seulement sur vos autels, mais dans nos âmes ; qu'elles soient habitées par votre Esprit afin que nous soyons de ces témoins que vous devez avoir jusqu'à l'extrémité de la terre, et dont les mains posées sur les cœurs malades les rendent à la santé et sur les yeux aveuglés les ouvrent à la lumière. — Que les maux dont les impies nous menacent soient écartés ; que les fausses doctrines dont ils veulent empoisonner nos enfants soient anéanties ; que les liens qui enchaînent votre Eglise soient brisés ; que les hommages légitimes rendus à vos héros et à vos saints ne soient plus prohibés au même titre que la prétendue apothéose de vos ennemis ; que vos justes colères s'apaisent ; qu'au souffle satanique de votre Esprit l'édifice de la Révolution s'écroule et qu'une société s'élève en qui sera renouvelée la face de la terre, et qu'avec elle votre règne nous arrive. Ainsi soit-il. »

On devine quel écho trouva dans toutes les âmes cette prière, où se mêlaient aux fières revendications de la foi catholique les accents les plus tendres du repentir et de l'amour. Les larmes coulèrent silencieuses devant Dieu, la réparation s'éleva ardente et pure de tous les cœurs et l'outrage fait à Iésus-Christ et à l'Eglise fut vengé.

L'adoration nocturne était une œuvre eucharistique ouverte aux seules âmes d'élite. Tous ne peuvent pas être, selon l'expressif langage du pieux docteur, « *les factionnaires de Dieu.* » Son cœur d'apôtre rêvait autre chose.

Or, la sainte *Ligue du Cœur de Jésus* sollicita bientôt son dévouement. Cette ligue, on le sait, groupe autour du Cœur de Notre Seigneur toutes les âmes généreuses et les coalise pour la défense des intérêts de l'Eglise et de Dieu. Elle donne à ses coalisés deux armes : *l'Apostolat de la prière* et la *Communion Réparatrice*, et c'est avec elles qu'ils doivent, pacifiquement mais invinciblement, combattre les saints combats.

L'œuvre n'était pas connue à Marseille. Il fallait la faire accepter par l'autorité religieuse et lui obtenir l'institution canonique. Mgr Place fut heureux de céder aux instances du zélé docteur, qui entreprit aussitôt d'organiser une active propagande dans la ville et dans la banlieue. Zélateur de parole et d'exemple, on le voyait, lui, le savant professeur et l'éminent praticien dont tout le monde se disputait les lumières et les soins, on le voyait se perdre au fond des plus humbles de nos paroisses rurales, pour enrôler de nouveaux soldats dans la *Sainte Ligue du Cœur de Jésus*, pour gagner des âmes à la dévotion militante de *l'Apostolat de la Prière* et à la pratique si heureusement inspirée de la *Communion réparatrice*.

Cependant il travaillait dans l'ombre, et nul ne soupçonnait les progrès étonnants d'une œuvre dont le nom seul était et demeure encore un mystère pour un si grand nombre de chrétiens.

Dieu devait faire éclater au grand jour les bénédictions dont il récompensait le travail caché de son apôtre.

Marseille, la Catholique, résolut pour l'année 1874 son

entrée en masse dans la Ligue du Sacré-Cœur. C'est l'expression singulière et hardie des premiers promoteurs de ce magnifique mouvement de foi populaire.

L'entrée en masse eut lieu. Elle dépassa toutes les espérances, elle surprit les timides qui doutent de tout, elle imposa silence aux sceptiques, elle n'étonna point mais elle combla de joie l'heureux docteur. Pour resserrer les liens religieux qui unissaient leurs âmes et pour s'assurer l'avenir, les coalisés de la Sainte Ligue à Marseille voulurent se consacrer au Cœur de Jésus-Christ. Au mois de juin 1874, donnant à la France chrétienne un grand exemple, comme c'était son droit et son devoir, le diocèse du Sacré-Cœur fit le premier et solennel pèlerinage à Paray-le-Monial. Il offrit un très riche cœur en vermeil. Dans ce cœur cinquante mille noms étaient écrits. C'étaient les cinquante mille premiers membres de *l'Apostolat de la prière* et de la *Communion réparatrice*.

Cinquante mille en quelques mois !

Dix ans se sont depuis lors écoulés. Chaque année l'infatigable docteur recrutait de nouveaux *ligueurs* pour combler les vides faits par la mort et la liste de ses recrues était nombreuse. Il l'envoyait au centre même de l'œuvre, à Paray-le-Monial, au sanctuaire du Sacré-Cœur.

Et maintenant l'œuvre est fondée, elle ne périra plus. L'adorateur a quitté ce monde, laissant pour le remplacer devant le tabernacle les milliers d'adorateurs qu'il y a lui-même appelés.

Pour ce fidèle communiant de la terre, le ciel est une communion sans fin à une eucharistie sans voiles ; pour ce fidèle adorateur de la terre, le ciel est une éternelle adoration.

IV

LE SERVITEUR DE MARIE

N raconte du bienheureux Grignan de Montfort qu'il avait fait le *vœu de servage* à la Très-Sainte Vierge. Le docteur Fabre honorait d'un culte particulier ce bienheureux. Serait-il téméraire de croire qu'un vœu à la fois si noble et si doux ait séduit son cœur ?

Il aima Marie dès sa plus tendre enfance. A la maison paternelle il se plaisait à parer de fleurs son autel et à répandre devant elle ses naïves prières. Elève au lycée de Marseille, il ne se séparait jamais de son chapelet, et on nous a vaguement rapporté le souvenir d'une scène où il revendiqua hautement, devant les sourires d'ailleurs bientôt dissipés de ses condisciples, l'honneur d'être un fidèle serviteur de Marie. Etudiant à Paris, nous l'avons vu s'agenouiller chaque jour auprès de la pieuse image qu'il a suspendue à la muraille de sa petite chambre, et qui paraît être, s'il faut en croire le culte plein de respect et d'amour dont il l'entoure, le vrai trésor de ce modeste intérieur.

Notre-Dame de la Garde devait surtout attirer cette âme, si bien faite pour se laisser séduire par le doux éclat des vertus et par la bonté toute-puissante de celle que la vieille piété marseillaise appelle avec tant de vérité et de grâce : la *Bonne Mère*.

Il en fut le pèlerin, l'apôtre et le défenseur.

Pèlerin de Notre-Dame de la Garde, le docteur Fabre le fut toujours. Les plus anciens chapelains de la Basilique se souviennent de l'avoir vu, il y a déjà de longues années, visiter avec une assiduité touchante le vénéré sanctuaire. Mais il voulut être un pèlerin plus fidèle et plus généreux encore, aux jours de nos malheurs publics. Homme de foi, il crut que pour relever la France tombée dans le mal et dans la servitude, il fallait mieux que l'habileté de la politique humaine, il fallait la prière et l'amour de Marie. Dès cette heure douloureuse il commença ce pèlerinage presque quotidien, qui a édifié tant d'âmes, témoins de la régularité et de la piété avec laquelle il s'accomplissait, et qui demeurera à jamais comme un exemple et un encouragement pour tous les cœurs dévots à la Très-Sainte Vierge.

Il montait à Notre-Dame de la Garde au moins cinq fois par semaine. Il ne se réservait que le mercredi et le dimanche : le mercredi, pour assister à la messe qui se célébrait à l'autel de Saint-Joseph dans sa paroisse; le dimanche pour assister aux offices paroissiaux. Mais si, ces jours-là, l'inclémence du temps lui faisait craindre que les pèlerins appelés par lui ne désertassent la colline aux abords trop difficiles, il s'y rendait dès la première heure, « afin, disait-il, que la Bonne Mère ne soit pas seule. »

C'est au mois de décembre 1872 que le pieux docteur entreprit son pèlerinage quotidien. Il est mort après onze ans d'une admirable fidélité à cette sainte pratique : le matin même du jour où le coup mortel l'a frappé, il avait communié aux pieds de Notre-Dame de la Garde.

Nous n'avons pas à dire la pieuse attitude, le recueillement profond, la fervente prière du pèlerin. Si habile qu'elle fut à se voiler sous les dehors d'une simplicité parfaite, l'ardeur de sa dévotion se trahissait,

D'ailleurs il fallait bien que sa prière fut puissante sur le cœur de Marie, car il ne montait jamais au sanctuaire sans avoir beaucoup à obtenir.

Tantôt c'est un malade qui refuse de se reconnaître avant de mourir, et de se jeter repentant dans les bras de Dieu ; c'est un ami dont il a vainement combattu les doctrines contraires à la foi et qu'il voudrait ramener à la vérité ; tantôt c'est un enfant à qui il veut obtenir la grâce du baptême ; c'est la paix qu'il veut rétablir au sein d'une famille divisée ; quand il a de telles grâces à solliciter, le docteur Fabre fait violence au cœur de la Très-Sainte Vierge en transformant sa visite quotidienne en un pèlerinage de pénitence.

Il part avant que le soleil ne soit levé et aux heures où la colline est solitaire. Au pied de la colline, il lève sa chaussure et il gravit pieds nus les pentes abruptes, laissant à droite et à gauche les larges trottoirs pour marcher sur le chemin parsemé de grosses pierres, et, plus haut, laissant l'escalier monumental pour suivre l'ancienne route toute pavée de cailloux. Arrivé au sommet de la colline, il remet sa chaussure, persuadé que nul ne l'a vu, si ce n'est Marie ; mais quelqu'un qui s'en doute le surveille, l'admire et s'édifie de ce spectacle, puis se dérobe bien vite pour n'être pas aperçu et pour laisser croire au pèlerin que le secret de sa tendre et généreuse piété est ignoré de tous. C'est de lui que nous tenons ces touchants détails et il ajoutait : « Le docteur Fabre, dans un jour d'épanchement intime, m'a avoué que Notre-Dame de la Garde ne savait rien lui refuser. »

Ingénieux à rendre sa dévotion pénitente et expiatoire, il se plaisait à donner à son pèlerinage un caractère particulièrement douloureux en s'exposant, avec imprudence selon la sagesse humaine avec générosité selon la foi, aux froids les plus rigoureux de l'hiver. C'était à une heure très matinale, le capitaine M..., un des fervents de Notre-Dame, gravissait seul la colline quand il crut entendre un bruit derrière lui. Il se retourna et aperçût dans la brume une ombre qui s'avançait sans le voir. C'était le docteur vêtu plus légèrement encore qu'on ne l'est en été. Affligé, presque honteux d'avoir été surpris, il supplia le capitaine de se taire. Le capitaine le promit et fut fidèle. La mort lui a rendu la liberté de parler.

Mais la prière ne se sépare jamais en lui de la charité. Quand il descend de la colline, pour courir en toute hâte chez les malades et les malheureux qui l'attendent, le bon docteur est arrêté à chaque pas. Les pauvres qui savent sa pieuse habitude s'échelonnent sur sa route. Ces importuns le retardent mais ne le fatiguent jamais, et il donne à tous une bonne parole, un encouragement, un conseil médical. Il est un peu gêné pour leur donner une aumône parce qu'il y a des témoins; il prolonge alors l'entretien, il marche avec le pauvre, il s'arrête, il se retourne, jusqu'à ce qu'enfin, étant seul, il soit libre d'être généreux. Mais le merci du pauvre le trahit, et plus d'un pèlerin habituel de Notre-Dame qui a deviné le jeu de son humilité sourit et poursuit sa route en bénissant le Dieu qui a donné au monde de telles âmes.

Si humble et si caché qu'il voulut être, le pèlerin de tous les jours ne pouvait passer inaperçu. Au mois de septembre 1874, l'administration de la Basilique voulut se l'attacher comme membre actif et lui demanda le précieux concours de ses lumières et de son zèle. C'était un honneur qu'on lui proposait, il refusa. On lui fit entrevoir que l'honneur s'effaçait devant la lourde charge qu'il imposait; c'était alors une charge trop lourde pour lui, il refusa de nouveau. Les sollicitations continuèrent: « Laissez-moi consulter la Sainte Vierge, » répondit-il enfin. Or, on le vit un jour se glisser furtivement derrière l'autel, s'agenouiller et prier longuement le front appuyé sur le piédestal qui porte la statue de la Bonne Mère. Après une heure un administrateur s'approche : « Eh bien ! vous acceptez ? » — « Voici une heure que je le demande à la Sainte Vierge, et elle ne me répond pas. » — Cinq minutes après il se relève : « Dites que j'accepte. » Naïve piété! elle édifie et elle touche dans un homme d'une intelligence si élevée, d'une science si profonde et qui, au sortir de cette scène où éclate la simplicité de l'enfance, va recueillir à l'amphithéâtre les applaudissements enthousiastes de ses élèves, que son savoir étonne et que son éloquence ravit.

L'administrateur de la Basilique sera plus que jamais le pèlerin fidèle. Son devoir autant que sa piété l'appellent aux pieds de Marie. Mais ce titre lui donne aussi des droits nouveaux. Il est chez lui à la Basilique, et voici le magnifique usage qu'il va faire de ce droit de famille que lui confèrent ses fonctions nouvelles.

Le 14 juillet 1880, la municipalité de Marseille conçoit l'étrange et inconvenant projet de faire servir la colline de la Garde à la célébration de la fête nationale. Aux yeux du docteur Fabre c'est une profanation. Il proteste avec tous ses collègues. On menace l'administration de la Basilique de lui aliéner l'autorité militaire, sur le terrain de laquelle est élevée la chapelle. Obligé de céder devant la force, le pieux docteur a résolu de réparer cette profanation. Pendant que les feux d'artifice allumés sur la colline amusent la foule, il se rend secrètement à la Basilique, il se cache dans la tribune du clocher qui fait face à l'autel et il passe la nuit en prières. Le lendemain, demandant le silence à ceux qui lui ont ouvert les portes, il communie à la première messe et il disparaît.

Le pèlerin devait être un apôtre. Il l'a été et Marseille lui doit l'admirable institution du *Pèlerinage perpétuel et quotidien* à Notre-Dame de la Garde.

C'était au lendemain de nos malheurs. Un grand souffle de foi passait sur notre France tombée sous les coups de la justice divine. Un mouvement magnifique de repentir et d'espérance entraînait les âmes vers Dieu. Ceux qui présidaient alors aux destinées de notre malheureuse Patrie demandaient aux évêques de convoquer leur peuple dans les cathédrales pour adresser au Seigneur des prières solennelles et publiques.

La cathédrale de Marseille eut été trop étroite pour contenir les flots pressés des fidèles, heureux de répondre à l'appel de leur premier pasteur. On se réunit, le 19 novembre 1872, à la Basilique, et un immense concours de peuple envahit le sanctuaire et les sommets de la colline.

Là prit naissance l'idée du pèlerinage quotidien. Le docteur Fabre était un pèlerin mêlé à la foule ; il fut ému de ce grandiose spectacle et il résolut en son cœur de donner à cette fête un lendemain, qui en perpétuerait le souvenir et les grâces et qui ne finirait pas.

Avec l'autorité que lui donnait sa haute situation et la sainte hardiesse qu'inspire le zèle, il fit appel aux paroisses, aux associations, aux œuvres et il organisa lui-même les premiers pèlerinages.

Le 8 décembre 1872, le premier groupe de pèlerins vint déposer aux pieds de Marie l'hommage de cette institution nouvelle et lui demander ses maternelles bénédictions. Marie accepta et bénit.

L'œuvre grandissait sans bruit mais non sans difficultés et sans luttes.

Il le fallait ainsi. Toute œuvre qui vient de Dieu et qui est destinée à vivre doit être marquée du signe de la contradiction.

Bientôt cependant les timides purent se convaincre que rien n'est impossible à une foi qui aime et les hésitants se laissèrent entraîner. Ce fut dès lors un élan merveilleux et une rivalité généreuse entre les paroisses, les associations et les œuvres. La Basilique ouvrait ses portes non plus seulement au pèlerinage quotidien, mais à deux et même trois pèlerinages dans une même matinée. Si bien que le Souverain-Pontife, informé de ce qui se passait en sa fidèle ville de Marseille, envoya une particulière bénédiction à « *ceux de ses enfants de Marseille qui prennent part au pèlerinage quotidien.* »

C'était une sorte de consécration. Désormais l'œuvre ne pouvait plus périr. Elle allait d'ailleurs recevoir son couronnement.

Dans son mandement du mois d'août 1873 Mgr Place annonçait en ces termes les grandes cérémonies du *pèlerinage diocésain* : « Les pèlerinages quotidiens, entrepris il y a bientôt une année et que vous avez poursuivis jusqu'ici avec une admirable constance sans vous démentir un seul jour, amenaient naturellement le pèlerinage diocésain : celui-ci sera le couronnement des premiers et il leur fournira pour l'avenir de nouveaux éléments de persévérance et d'activité. »

Nul n'oubliera jamais à Marseille cette incomparable journée du 17 août 1873, où, sur les flancs abrupts de la sainte colline, cent mille âmes saluèrent de leurs acclamations filiales la *Bonne-Mère*, dont la douce image, debout sur un trône royalement paré, se levait au-dessus de l'immense foule pour lui sourire et la bénir.

Les annales religieuses de notre Eglise n'auront pas de page plus belle. C'est à la foi vaillante, c'est à l'amour intrépide et au zèle infatigable du docteur Fabre que Marseille devra l'honneur d'avoir pu l'écrire.

A l'œuvre si visiblement bénie de Dieu il fallait donner une forme définitive, qui en assurât le régulier exercice et qui en perpétuât le bienfait. Mgr Place la lui donna en faisant publier dans la feuille religieuse du diocèse le *rôle* dressé par lui et qui indiquait à chaque paroisse, à chaque association, le jour et l'heure de son pèlerinage. (Novembre 1873.)

Tels furent les débuts. Celui qui avait été le promoteur de ce grand mouvement religieux aurait voulu désormais disparaître. Dieu ne le permit pas.

Le docteur Fabre demeura, jusqu'à la dernière heure, l'âme et la vie de cette institution, unique peut-être au monde et qui doit être pour le diocèse de Notre-Dame de la Garde la source des plus riches grâces. On ne raconterait pas aisément en quelques lignes ce qu'elle lui coûta de préoccupations, de fatigues, de courses, de sacrifices, et, pourquoi ne l'ajouterions-nous pas ? de peines et d'angoisses, pendant ces dix années où, grâce à lui, le sanctuaire de Notre-Dame ne fut pas un seul jour solitaire et les pèlerins s'agenouillèrent, nombreux, chaque matin, aux pieds de Marie.

L'apôtre de Notre-Dame de la Garde est mort. A cette désolante nouvelle quelques âmes s'émurent. Pouvait-on craindre qu'une telle œuvre ne survécût pas à celui qui en avait eu l'inspiration première et qui lui avait donné sa parfaite organisation ? Non, elle doit vivre, et elle sera un perpétuel honneur pour la mémoire du zélé serviteur de Marie.

Le 24 janvier 1884, Mgr Robert, evêque de Marseille, pour faire savoir à son peuple que le *Pèlerinage quotidien* ne périrait pas avec celui qui nous l'avait donné, voulait bien nous écrire la lettre suivante :

« Mon cher Directeur ,

« De toutes les œuvres qui ont admirablement rempli la vie du si regretté docteur Fabre, aucune ne lui tenait plus au cœur que l'œuvre des pèlerinages de Notre-Dame de la Garde, qu'il avait établie au commencement de l'année 1873. Sa foi vive et sa tendre piété comprenaient bien que c'était là comme l'œuvre maîtresse de laquelle dépendaient les autres, et, lui-même, chaque matin, avant de commencer la longue série des actes de charité qui devaient remplir sa journée, venait, dans le pieux pèlerinage à la Bonne-Mère, alimenter sa force et sa vie chrétiennes.

« Encouragé et béni par notre vénéré prédécesseur dans cette sainte entreprise, il a eu la consolation de la voir triompher de toutes les difficultés et arriver bientôt à une grande prospérité où elle s'est constamment maintenue.

« Cette œuvre que le temps a déjà consacrée, et qui est pour notre cité une source si abondante de bénédictions, restera toujours comme une de nos plus chères institutions diocésaines. Nous avons chargé du soin de la diriger M. le supérieur des Chapelains de la Basilique, qui, nous le savons, plein de respect pour la pieuse mémoire du grand chrétien qui a fondé les pèlerinages quotidiens, s'inspirera de son zèle et de son dévouement.

« Le calendrier des pèlerinages pour l'année 1884, approuvé par nous, est déjà distribué. Nous invitons les chefs des pèlerinages à se concerter avec M. le supérieur des Chapelains, rue Montée des Oblats, 66, sur tout ce qui peut intéresser le succès de ces pieuses cérémonies.

« Agréez, mon cher Directeur, la nouvelle assurance de mon affectueux dévouement en N.-S.

« † LOUIS, *évêque de Marseille.* »

C'était tout à la fois un solennel hommage rendu par la plus haute autorité à la piété du docteur Fabre et un grand honneur fait à son œuvre, placée désormais au rang de celles qui sont la force et la gloire de notre chère et sainte Eglise de Marseille.

L'antique dévotion des Marseillais à Notre-Dame de la Garde fut un jour menacée. Le docteur Fabre, pèlerin fidèle, infatigable apôtre, administrateur dévoué, avait sa place marquée au premier rang de ses défenseurs. Il ne la laissa prendre par personne, et il fut là, modeste toujours mais fort, non point dans l'attitude d'un provocateur, mais dans l'attitude vaillante d'un catholique qui défend et qui venge les droits de sa conscience et de sa liberté.

Les RR. PP. Oblats étaient des citoyens qui n'avaient pas démérité de la patrie et de la cité, des amis persécutés, des faibles opprimés : à tous ces titres ils pouvaient compter sur l'énergique intervention du courageux docteur. Mais ils étaient surtout les chapelains de Notre-Dame de la Garde. Dès lors l'outrage fait à leur personne remontait plus haut ; toute tentative contre leur liberté pouvait atteindre la liberté des catholiques. Laisser consommer sans protestation et sans lutte l'œuvre de mal entreprise contre leur couvent, c'était encourager l'audace de ceux qui n'auraient peut-être pas hésité à fermer les portes de la basilique et à frapper l'Eglise de Marseille dans la plus vénérable et la plus chère de ses dévotions.

Voilà pourquoi, le 30 octobre 1880, quand le marteau eût enfoncé la porte de la maison des Oblats, quand MM. Bastide et Coutelle, suivis de plusieurs agents, se précipitèrent dans le couvent violé et profané, au premier pas ils furent arrêtés par un groupe compacte d'hommes décidés, à la tête desquels s'avancèrent le R. P. Gigaud, supérieur de la maison, et le docteur Fabre.

Le R. P. Gigaud protesta avec le calme et l'énergie qui conviennent au prêtre. On allait passer outre et jeter dehors les religieux, quand le docteur arrêtant les Commissaires leur adressa cette protestation pleine de noblesse et de fermeté.

« Monsieur le commissaire central, comme administrateur
« de Notre-Dame de la Garde, j'ai l'honneur de vous décla-
« rer que cette maison est destinée au service du sanctuaire
« qu'elle est nécessaire à la régularité de ce service. Com-
« me citoyen, je me permettrai de vous faire observer qu'il
« n'y a eu aucun crime commis, et que, par conséquent,
« vous n'avez point le droit de pénétrer dans ce domicile,
« par effraction, sans mandat judiciaire. Vous n'avancerez
« qu'après m'avoir fait enlever ou m'avoir passé sur le corps. »

Et l'héroïque défenseur se coucha en arrière de la porte et en travers du corridor. MM. Bastide et Coutelle passèrent sur son corps ; les agents reculèrent.

La population catholique de Marseille applaudit à cette conduite généreuse, mais il se rencontra des hommes qui ne craignirent pas de jeter l'outrage à un si noble cœur et qui dénoncèrent le docteur Fabre, professeur de l'Ecole de Médecine, aux vengeances de l'Université.

Le 12 novembre 1880, une motion fut présentée à cet effet au Conseil municipal. Nous n'hésitons pas à en donner le texte, tout en taisant les noms de ceux qui la signèrent. Sans doute ces hommes appartiennent à l'histoire, mais il ne nous plaît pas de les remettre en face d'un souvenir, qui pèse peut-être à quelques-uns d'entre eux comme un remords :

« Parmi les fauteurs des désordres qui se sont produits à Marseille, à l'occasion des décrets du 29 mars, disait cette motion, les conseillers municipaux ont été douloureusement surpris de voir figurer le nom d'un des fonctionnaires d'un établissement d'instruction supérieure, subventionné par les deniers municipaux.

« Si ce fonctionnaire eût relevé directement de l'autorité du Maire, nul doute que celui-ci n'eut frappé d'une révocation immédiate un *employé* qui a méconnu d'une manière si grave son caractère d'homme public et les sentiments républicains d'une ville au budget de laquelle il continue à émarger.

« Le Conseil, regrettant l'impuissance où il se trouve de réprimer lui-même ce scandale produit en plein jour et par voie de la presse, invite M. le Maire à déférer le fait à l'autorité compétente pour que satisfaction soit donnée au plus tôt à l'opinion publique, et à celle des représentants de la Ville de Marseille, justement indignés d'une atteinte aussi coupable, portée au respect des lois et du gouvernement établi.

« Suivent les signatures de treize conseillers municipaux. »

Un simple rapprochement : trois ans plus tard, des voleurs de grand chemin arrêtaient, pendant la nuit, la voiture du docteur Fabre, et le reconnaissant, s'écriaient : *Es lou docteur Fabre : es un home qué fa troou dé ben per qué li faguen dé mau*, et ils le laissèrent aller.

Autres gens, autres mœurs.

L'autorité universitaire crut devoir demander des explications au défenseur des Oblats ; il les donna avec cette simplicité mais aussi avec cette noblesse et cette énergie qui étaient le fond de son caractère. Sa réponse n'a jamais été publiée : on en devine la cause.

Cependant, il fallait une réparation à l'outrage fait au maître, publiquement blâmé pour avoir affirmé ses convictions religieuses et vaillamment défendu les libertés publiques. Cette réparation fut éclatante comme l'avait été l'outrage. Les étudiants en médecine firent publier par tous les journaux la protestation suivante :

« A la rentrée des cours, les étudiants de l'école de médecine de Marseille se sont émus d'une rumeur, que, pendant les vacances, on a fait courir sur un de leurs maîtres, M. le docteur Fabre, rumeur accréditée par les comptes-rendus du Conseil Municipal. Pour un fait entièrement étranger à l'enseignement, on voudrait enlever ce professeur à la chaire qu'il occupe avec tant de zèle et de dévouement. Les élèves de Marseille, sans distinction d'opinion, protestent de toute leur énergie et à l'unanimité contre un pareil acte qui tiendrait à les léser dans leurs intérêts d'étudiants et ils profitent de cette occasion pour témoigner à M. le Professeur Fabre leurs respectueuses sympathies. »

Quand il reparut à son cours il fut acclamé et le maître remercia avec émotion ses élèves de ce précieux témoignage d'affection.

Par sa vaillante conduite il avait grandi dans l'estime et dans la reconnaissance des catholiques.

Serait-il téméraire d'ajouter qu'il avait préservé le très aimé sanctuaire d'une profanation, qu'il avait épargné à l'Eglise de Marseille un deuil inconsolable et peut-être à la cité tout entière d'irréparables malheurs ?

Nous voudrions avoir une autre plume, plus autorisée, plus délicate et plus sûre, pour dire un nouveau caractère de l'amour que le *serviteur de Marie* avait voué à notre *Bonne-Mère*.

Vraiment cette âme était belle devant Dieu. Les hommes la devinaient à peine et le peu qu'ils pouvaient lui ravir provoquait leur légitime admiration. Or pour se revêtir de cette beauté intérieure, qui est le fruit d'un travail lent et généreux, il lui fallait un idéal. L'âme si pure et si sainte de la Très-Sainte Vierge fut cet idéal incomparable.

Le regard de sa foi se plaisait à contempler l'âme de Marie, et son amour éclatait en de doux transports et en de saintes ambitions quand elle lui apparaissait si parfaite. Au sortir de ces méditations, où surabondait la lumière d'en haut et où naissaient d'ardentes flammes, le pieux docteur n'avait plus de joie ni de repos jusqu'à ce qu'il eut reproduit en lui-même quelques-unes de ces perfections qui l'avaient fait tomber à genoux, ému et ravi, devant son auguste Mère.

Ouvrir cette âme à la fois si grande et si humble, si noble et si simple, si forte et si tendre, si ardente et si pure, c'est entrevoir comme un reflet, affaibli sans doute par les distances, mais encore vraiment beau du cœur très-saint de Marie.

Tous les saints ont eu leur secret pour arriver aux sommets d'où ils dominent le monde. Le docteur Fabre avait le sien. Il le traduisait par cette vieille formule catholique :

Per Mariam ad Jesum : Par Marie à Jésus.

Per Mariam ad Jesum, quand il faut obtenir de la Toute-Puissance de Jésus une grâce,

Mais aussi et surtout *Per Mariam ad Jesum*, quand il faut s'élever, par des désirs grandissants et des efforts sans relâche, jusqu'à la sainteté de Jésus.

On le voit, si, à l'imitation de Grignan de Montfort, le serviteur de Marie avait fait le vœu de *servage*, il était fidèle à son vœu.

V

LE CATHOLIQUE MILITANT

 n ne s'étonnera pas de ce titre.

L'Eglise a reçu de Jésus-Christ une mission de paix. Mais la haine de l'enfer et la méchanceté des hommes l'obligent à combattre : elle combat pour se défendre, elle combat pour conquérir, elle combat même pour vivre.

Au premier rang et pour conduire la lutte, Dieu a placé ses prêtres; mais à côté des prêtres il a fait se lever, surtout en ce siècle tourmenté qui est le nôtre, une armée vaillante, l'apostolat laïque ; vraiment l'honneur et la force de l'Eglise quand il sait être à la fois pleinement dévoué et pleinement soumis à l'autorité de ceux qui ont la charge de le mener au combat.

Le docteur Fabre fut un des plus généreux parmi ces fils de l'Eglise, dévoués et soumis.

Il aimait tant l'Eglise ! Il ne pouvait pas voir, sans être ému d'une sainte colère, l'iniquité qui triomphe, la Papauté qui souffre, l'Eglise qui est persécutée, les âmes qui se perdent. Son amour et sa douleur éclatent ensemble dans cette lettre écrite de Rome le 27 mai 1874 et qui est curieuse à plus d'un titre :

« ... A votre retour nous parlerons de Rome, du Saint-
« Père, de sa bonté, de sa force; de son éloquence, de sa sain-

« teté. Il a un faible pour les Marseillais. Sans croire que
« nous éviterons une grande crise, il nous a assuré que le
« bon Dieu nous tiendrait compte de nos pèlerinages et de
« nos communions. J'ai cependant bien souffert à Rome, la
« persécution religieuse y est d'une habileté satanique. La
« brutalité allemande ramène les âmes ; l'hypocrisie italienne
« les égare. A Rome, il y a l'ordre matériel avec le désordre
« moral, le diable paraît avoir raison contre le bon Dieu ;
« c'est le spectacle le plus navrant pour les cœurs chrétiens :
« *Hæc est hora vestra et potestas tenebrarum.* Je vous avoue
« que je soupire après les éclairs et les tonnerres qui ouvri-
« ront les yeux et les oreilles. Le plus grand de tous les maux
« n'est-il pas le triomphe de l'iniquité ? »

Mais ce n'est pas assez d'exhaler en d'ardentes paroles la douleur et l'indignation dont surabonde son âme. Il veut agir. Aussi bien n'y aura-t-il pas une œuvre catholique à Marseille qui ne le compte parmi ses membres les plus actifs, les plus généreux, les plus puissants. Il donne son or, son concours, son temps, toutes ses forces et tout son cœur.

On fonde un *Comité Catholique*, qui a pour mission de défendre les intérêts religieux du diocèse et de protéger les âmes contre les efforts d'une persécution hypocrite ou violente et jamais prête à désarmer. Il n'accepte pas d'en être le président, mais il en est l'âme et la vie.

La Société de Saint-Vincent de Paul lui confie les plus pauvres familles et il accepte avec empressement l'honneur et la joie de les assister. Nous dirons bientôt comment il réalise l'idéal de cette grande institution catholique, comment il est, au sein des familles visitées par l'indigence et par la maladie, un *ange de charité*.

Un *Comité de Pèlerinages* s'organise pour lever ces puissantes armées de pèlerins qui s'en vont, sur les terres visitées par Marie, porter à la Vierge réconciliatrice de la Salette ou à l'Immaculée de Lourdes, les hommages, les vœux, les craintes et les espérances, les prières et l'amour de tout un peuple, et qui rapportent de ces bénis sanctuaires, pour leurs familles, pour leur patrie et pour eux, un riche trésor de faveurs et de grâces. Or, il est tout à la fois organisateur, pèlerin, et quand il le faut, chef de pèlerinage.

L'Evêque de Marseille fait appel à la charité publique et, comptant sur la générosité de tous, ouvre aux enfants du peuple des *écoles chrétiennes*. Il est généreux, lui, entre tous, et si, pour donner l'exemple, il est obligé d'inscrire son nom à un rang d'honneur sur la liste des bienfaiteurs, il garde la liberté d'être plus généreux encore en cachant ses dons sous le voile de l'anonyme ; et de cette liberté, chère à sa modestie, il use largement.

Conférences ouvrières, cercles catholiques, associations d'hommes et de jeunes gens, toutes les œuvres militantes enfin lui font appel, et à toutes il apporte non point de stériles sympathies, mais un efficace concours. Si bien que la fécondité de sa vie est un mystère dont il a emporté le secret avec lui, mais qui n'en demeure pas moins pour les catholiques un précieux encouragement et un grand exemple.

Cependant agir n'est pas encore le dernier effort de l'amour. Sa vraie force comme son suprême témoignage c'est de savoir et de vouloir souffrir. Le vaillant docteur a souffert pour l'Eglise. Nous avons dit sa noble et fière attitude à l'heure douloureuse entre toutes, qui vit Marseille livrée aux hontes et aux malheurs des expulsions. Il souffrit cruellement en son âme, non pas tant des outrages qui l'assaillirent et des défections qui l'entourèrent, que de la violence faite à sa liberté, de l'insulte infligée à sa foi et de la dure oppression sous laquelle allait gémir l'Eglise.

Mais il savait le prix de la souffrance qui est l'unique rédemption. Pour racheter les âmes, pour délivrer l'Eglise, pour obtenir le triomphe de Jésus-Christ, il souffrait. Nous n'avons pas le droit de dire comment. Qu'il nous suffise de rappeler cette belle parole dite à une malade, au lendemain d'un pèlerinage à Lourdes d'où il revenait sans avoir obtenu pour elle la guérison désirée : « Non, le Bon Dieu et la « Bonne Mère ne veulent pas enlever les croix aux personnes « pieuses tant que l'Eglise sera persécutée et Pie IX pri- « sonnier. »

Tout le mystère de la souffrance est là.

Ce dévouement méritait une récompense. L'Eglise honore ceux qui souffrent et qui luttent pour elle. Sur la demande de Mgr Place, le Souverain-Pontife donna au docteur Fabre la croix de Saint-Grégoire-le-Grand. On craignait que sa modestie ne se refusât à la porter. « Toute autre décoration, répondit l'humble chrétien, je ne pourrais pas l'accepter. Celle-ci vient du Pape ; c'est le devoir d'un catholique de la porter et d'affirmer ainsi sa fidélité au vicaire de Jésus-Christ. »

Ce vaillant est tombé à l'heure où l'Eglise a plus que jamais besoin de ses catholiques militants. Mais il n'est pas mort tout entier. Sa mémoire suscitera parmi nous des courages nouveaux, et du ciel il jette, comme un cri de guerre, à ceux dont il fut le frère d'armes et quelquefois le chef de file, l'ardente parole de l'Apôtre :

« *Travaillez en bons soldats du Christ.* »

VI

LE MEDECIN DES PAUVRES

E visiteur qui s'arrêtait un lundi ou un jeudi, à une heure, au numéro 40 de la rue Saint-Jacques, y était le témoin, ému et étonné, d'un spectacle à la fois singulier et touchant.

Une foule empressée et quelque peu tapageuse envahit l'escalier, le vestibule, les salles d'attente et reflue sur le seuil et jusque dans la rue.

C'est le jour des pauvres.

Ils sont là quelquefois deux cents : vieillards, éclopés, jeunes mères portant leurs petits enfants dans leurs bras, ouvriers échappés un moment au travail, veuves entourées de leurs malheureux orphelins, jeunes filles du peuple maladives et tristes, mendiants en haillons, familles entières désolées par la misère et le mal, et, perdu au sein de cette foule, plus d'un robuste gaillard que l'on s'étonne de rencontrer à la consulte d'un médecin. C'est le jour des pauvres et tous sont accueillis avec une égale bonté, même quand ils n'ont pas d'autre maladie que leur pauvreté. Ceux-là ont d'ailleurs l'avantage de revenir de la consultation sûrement guéris.

On rétablit à grand peine la paix entre les solliciteurs qui se disputent la première place et on leur distribue des numéros d'ordre. Les trente ou quarante premiers désignés demeurent ; les autres se retirent, heureux de savoir qu'ils seront reçus à leur tour et que la charité du *bon docteur* ne leur fera pas défaut.

Le malade qui consulte est écouté avec une patience et une bonté que les plus singulières exigences ne réussissent pas à lasser. Le savant praticien met au service de cette clientèle préférée, qui lui est une vivante image de Jésus-Christ, toutes ses lumières, tout son dévouement et les meilleures inspirations de sa charité. Quand le malade se retire, il emporte avec l'indication des remèdes, l'argent nécessaire pour les acheter, encore de l'argent pour compenser la demi journée qu'il a perdue en venant au cabinet, et toujours une bonne parole qui lui inspire la soumission, qui lui rend le courage, qui élève son âme vers Dieu.

Le pauvre venu moins pour consulter que pour demander peut librement raconter la douloureuse histoire de ses privations et de sa misère. Lui aussi est patiemment entendu, et avec une bonté qui va parfois jusqu'à l'attendrissement, jusqu'aux larmes d'une paternelle compassion.

Dieu seul sait alors avec quelle générosité le bon docteur répond à la prière du pauvre. La solitude qui l'environne, le silence qu'il fait promettre, le secret sous lequel il espère ensevelir ainsi ses bienfaits, favorisent et stimulent sa charité.

On nous a parlé de sommes considérables régulièrement distribuées le jour de la consultation des pauvres ; on nous a même dit que plus d'une fois, la bourse du docteur se trouvant à court, il laissait là ses malades et s'en allait chercher de quoi l'alimenter, répondant par un mot plein d'enjouement et de grâce aux observations, d'ailleurs très débonnaires, que lui attirait son incorrigible prodigalité.

Le charitable docteur avait en matière de finances un principe absolument ruineux : il ne comptait jamais ; il avait une horreur instinctive et aussi très voulue des chiffres et de tout ce qui pouvait révéler à sa main gauche ce que sa main droite donnait.

S'il ne comptait pas, comment pourrions-nous le faire pour lui et comment réussir à dresser le budget annuel de sa charité? En voici, rapidement énumérés, les principaux chapitres : orphelins entretenus en grand nombre dans nos établissements religieux ; familles entières qui reçoivent du pain, des vêtements, mille secours, tout ce qui est nécessaire à la vie, pendant de longs mois de maladie et de chômage ; mobiliers complets envoyés aux pauvres malades dont il trouve que les mansardes sont trop dépourvues et trop misérables ; remèdes invariablement donnés à tous ceux qui ne peuvent pas les acheter ; grandes infortunes cachées secrètement secourues ; familles malheureuses préservées de la ruine par de généreux sacrifices.

C'est le budget ordinaire, et il est très-incomplet.

Mais il y a aussi le budget extraordinaire. Celui-là est imprévu. La Providence se charge d'en dresser les chapitres à l'heure voulue, et le docteur Fabre répond toujours à cette délicate attention de la Providence. Que ce seul trait suffise :

Un négociant de notre ville, ruiné à la suite d'opérations malheureuses, s'en alla cacher sa misère dans la mansarde d'un cinquième étage d'une maison située sur une de nos grandes voies publiques. Il tomba malade. De poignants chagrins domestiques, les privations auxquelles le condamnait sa pauvreté, le défaut de soins donnèrent bientôt à sa maladie un caractère d'inquiétante gravité. Il souriait à la mort, parce qu'il n'avait plus d'espérance en une guérison déclarée impossible, et aussi parce qu'il n'aimait plus la vie.

Cependant, accablé par la souffrance, il céda au conseil d'un ami et il écrivit au docteur Fabre pour le prier de venir le voir, ayant bien soin d'ajouter qu'il n'aurait pour tout honoraire que sa reconnaissance. Le lendemain le bon docteur monte les cinq étages, entre souriant dans la mansarde, tend la main au malheureux, l'interroge et l'examine, reconnait que l'état est grave et qu'une opération délicate et douloureuse peut seule amener le salut.

La chambre du malade est absolument dénuée de tout : le négociant ruiné avait dû vendre jusqu'à son lit. Le docteur redescend, va chercher une garde-malade, commande au premier magasin de meubles qu'il rencontre un mobilier complet, et il revient, le lendemain, assisté d'un de ses confrères pour faire l'opération nécessaire. Elle réussit à merveille. Un mois après le malade est debout : il a retrouvé l'espérance et la joie de vivre, mais il est toujours pauvre. Son généreux bienfaiteur met à sa disposition une forte somme — et aujourd'hui le ruiné d'autrefois, descendu de sa mansarde, possède un important établissement dans une des rues les plus fréquentées et les plus brillantes de Marseille.

Donner beaucoup, donner sans compter, ce n'est pas encore le plus beau caractère de la charité chrétienne. La philanthrophie, à certaines heures, est généreuse. Elle donne par intérêt, elle donne même pour pouvoir librement s'amuser et pour cacher sa fièvre de plaisir sous le voile complaisant d'une stérile bienfaisance. La charité chrétienne donne en aimant ; l'or qu'elle répand dans le sein des pauvres n'est à ses yeux qu'une misérable obole ; son vrai trésor et son vrai don c'est l'amour.

Le docteur Fabre aimait les pauvres.

A une âme simple et naïve, qui fut souvent l'instrument et la confidente de ses charités, il répondait, un jour où elle se plaignait des excès de son dévouement : « Laissez venir à moi celui qui pleure. Tous les pauvres sont mes enfants. »

Les pauvres sont ses enfants. De fait, il a pour eux plus qu'un amour de père, un amour où se retrouvent toutes les délicatesses et tous les dévouements d'un cœur de mère.

Il répond toujours avec un empressement infatigable à leur premier appel, abandonnant tout pour aller leur porter ses soins, ses consolations et ses aumônes ; ne prenant plus le temps de manger afin de pouvoir se consacrer davantage au soulagement de toutes les infortunes ; répondant aux amis qui l'arrêtent dans ses courses : « Laissez-moi passer, un pauvre m'attend, un malade a besoin de moi, Dieu me demandera compte de mon temps, je ne veux pas le perdre. »

Il s'oublie jusqu'à mettre lui-même de l'ordre dans leurs chambres, retourner leurs lits, balayer le sol, prendre souci de leur ménage, goûter les potions préparées pour s'assurer qu'elles ne sont pas trop amères, s'asseoir à leur chevet pour leur lire une page d'un bon livre, leur prêter sa plume pour correspondre avec la famille absente, rendre enfin à leur misère parfois quelque peu exigente tous les services, et plus volontiers encore les plus pénibles et les plus humbles.

Il se laisse attendrir par les gémissements et les plaintes des malheureux dont il ne réussit pas à adoucir les souffrances. « Courage, enfant de Marie, dit-il à une pauvre infirme retenue depuis 14 ans sur un lit de douleur, courage, la vie est courte, mais l'éternité n'a pas de fin. » Et tandis qu'il parlait, des larmes de compassion mouillaient ses yeux, puis, tombant à genoux au pied du lit avec toutes les personnes présentes, il ajoutait : « Disons un *Ave Maria* pour que la Sainte Vierge la soulage. »

Il apprend, un jour, qu'un père de famille, gravement malade, va être jeté hors de sa demeure par son propriétaire, un libre-penseur qui avait compté sur sa misère extrême pour l'amener à renier sa foi. « Je suis né chrétien, avait répondu ce malheureux, je mourrai chrétien. » En expiation de cet acte de courage il fut décidé qu'on l'expulserait sur l'heure s'il ne payait pas jusqu'au dernier centime. Or, il avait tout vendu et sa pauvre femme n'avait plus même à donner à ses petits enfants le moindre morceau de pain.

Au milieu de la famille désolée arrive tout à coup une messagère inconnue, elle vient payer le propriétaire, apporter des provisions et rendre l'espérance à ces infortunés. Elle annonce pour le lendemain la visite du charitable docteur. Grande est la joie de tous ; le malade attend avec impatience l'heure où il pourra dire merci à l'insigne bienfaiteur des siens. Hélas ! le lendemain, il était trop tard. Le pauvre père mourait dans la nuit, confiant à la messagère fidèle, restée là pour le veiller, le trésor de sa reconnaissance. Cependant le bon docteur accourt en toute hâte. Devant ce lit de mort il s'attendrit et il pleure, et, navré de n'avoir pu donner à cette âme un mot de consolation et d'espérance, il s'agenouille, il baise ces mains glacées et il demande pardon d'être arrivé trop tard pour aider ce malheureux à mourir.

Voilà comment il aime les pauvres.

Alors qu'on ne s'étonne pas s'il est patient et généreux à l'égard des importuns qui l'obsèdent et des ingrats qui le méconnaissent ou le trahissent.

Les importuns ! Il en est un qui, chaque matin, quand le pieux docteur sort de sa maison pour monter à Notre-Dame, se met à sa poursuite et lui demande une aumône. Quelquefois M. Fabre feint de ne pas l'entendre. Enhardi par la bonté de cet homme de bien, le mendiant le force à se retourner en le tirant par la basque de son habit, et, lui, souriant, glisse dans la main du malheureux une pièce blanche. Pendant quatorze mois il sert cette rente quotidienne, jusqu'à ce que le mendiant vienne à l'hôpital où il a pour médecin son bienfaiteur de tous les jours. — Quand le pèlerin de Notre-Dame descend de la sainte colline, à chaque détour du chemin un pauvre l'attend; quand il sort de l'hôpital, après son cours, il est entouré et assailli. Pour tous il a un bienveillant sourire, un mot aimable, une aumône habilement dissimulée, un encouragement à bien faire, un témoignage de bonté.

Les ingrats! on s'indigne un jour devant lui contre une femme qui l'a trompé, et lui, de répondre: « Prions pour elle afin qu'elle se corrige. » Le lendemain, l'ayant rencontrée, il lui donne encore une aumône, ajoutant avec une parfaite douceur :« Une autre fois, ne mentez plus, vous offensez le bon Dieu. »

Il est une malade qu'il soigne avec un particulier dévouement. Atteinte d'une plaie horrible elle contraint tout le monde à s'éloigner d'elle. Lui seul la visite, la panse, l'encourage, et il l'exhorte à préparer ses fils à faire leur première communion. Ils avaient, l'un 14 ans, l'autre 18 ans. La malheureuse mère, en l'âme de laquelle la charité du bon docteur n'a pu raviver la foi, objecte son excessive indigence. Ordre est aussitôt donné à une personne de confiance de pourvoir à tous les besoins de la famille. Après quelque temps la plaie se cicatrise. « Qu'on prie M. Fabre de ne plus revenir, dit-elle, je n'ai que trop suivi ses prescriptions, je n'en veux plus. »

On rapporte ce propos au docteur. Souriant, il répond : « Prions pour elle et tachons de l'amener à consentir à la première communion de ses enfants. Dites-lui bien de ma part que rien absolument ne lui manquera. » Ce fut en vain ; la générosité de ce noble cœur échoua devant l'ingratitude de cette femme. On devine la douleur dont cet insuccès abreuva son cœur d'apôtre, qui n'avait qu'une ambition, généreuse et sainte, donner des âmes à Dieu.

Des malheureux l'accablent d'insultes, lui reprochant d'être sans cœur et de ne pas leur avoir assez donné. « Voilà leurs remercîments pour votre charité, s'écrie un témoin indigné de cette pénible scène. » « C'est moi qui les remercie, répond-il, je leur suis très-reconnaissant parce qu'ils me font subir, dans une bien petite mesure, ce que l'on a fait subir à Jésus-Christ. Il ne l'avait pas mérité, lui ; moi, je mérite bien davantage. »

La délicatesse est le suave parfum de la charité. Elle fut un des plus gracieux et des plus touchants caractères de la charité du docteur Fabre.

Il n'a qu'un souci, voiler le bien qu'il fait et retenir le merci de la reconnaissance sur les lèvres de ceux qu'il oblige.

A la personne qui l'aide dans l'accomplissement de ses œuvres charitables il recommande instamment le silence. « J'ai confiance en vous, vous ne me trahirez pas. Ne dites jamais ce que je fais, car c'est mon devoir d'agir ainsi. » Et encore : « Ne dites rien de ce que vous voyez, vous me feriez de la peine ; il n'y a que Dieu et vous qui doivent le savoir. »

Certes, il avait bien placé sa confiance, car en son naïf langage, cette âme simple nous disait : « Je le lui promettais, je croyais n'avoir jamais besoin de le dire ; je demandais à Dieu de nous conserver notre saint sur la terre et d'avoir le bonheur qu'il me fermât les yeux. »

Il visite, un jour, un malade que des revers de fortune ont ruiné. Le docteur qui ignore sa situation précaire lui ordonne une saison aux eaux. « Mais, bon docteur, s'écrie celui-ci, il faudrait au moins sept cents francs et je n'ai rien. Vous me connaissez, prêtez-moi cet argent et je vous le rendrai. »

« Hélas ! répond-il, levant les yeux au ciel, si je le pouvais ! mais je ne les ai pas. » Le soir le malade recevait un pli contenant une somme d'argent, avec ce mot : « De la part d'un inconnu. » Et tout joyeux le généreux docteur disait au confident de ses charités : « Je lui ai joué un bon tour. Il guérira et il ne saura pas que c'est moi. »

Les faits surabondent. Dans cette gerbe si riche et si belle, qu'a recueillie et que nous a confiée la reconnaissance des pauvres, il nous faut choisir.

Une sœur quêteuse se voit tout à coup accostée dans la rue par un monsieur qu'elle ne connaît pas, et qui, sans lui rien dire, lui met une pièce d'or dans la main et disparaît. Un autre jour elle s'entend appeler par quelqu'un qui est dans une voiture : c'est le même personnage, toujours un inconnu : « tenez, ma sœur ! cette pièce de 20 francs m'embarrasse. » Et ainsi pendant longtemps, jusqu'à ce qu'enfin la bonne sœur quêteuse parvînt à savoir le nom de ce bienfaiteur mystérieux. Il fut alors appelé au couvent et il en devint le pourvoyeur généreux en même temps que le médecin dévoué et l'ami fidèle.

Il fait, un jour, la quête à Notre-Dame de la Garde. Personne ne lui donne. Cependant un mendiant qui se tenait à la porte met un sou dans la bourse du quêteur. La messe finie, le docteur revient à la porte et murmure doucement à l'oreille du pauvre : « Dieu a dit qu'il rendait au centuple, tenez ! » et il lui donne cent sous, sans laisser au malheureux ahuri le temps de se reconnaître.

Il se rencontre chez un malade avec d'autres visiteurs. Pour dissimuler son aumône, il va chercher sur la table la potion qu'il a lui-même préparée et en la rapportant il glisse dans la soucoupe quelques pièces d'or. Le lendemain on le remercie avec effusion. Il s'étonne, puis, avec une ineffable bonté : « Oh ! que le Bon Dieu est bon, s'écrie-t-il, combien vous devez l'aimer ! Il vous envoie l'argent nécessaire pour vous guérir. Remerciez-le bien ; il vous aidera et vous guérira. »

C'est à un pèlerinage de Lourdes. Une pauvre malade souffre d'une plaie d'où s'exhale une odeur repoussante. Nul ne peut demeurer à côté d'elle. Il l'apprend, quitte aussitôt le compartiment des premières, et sous prétexte de lui donner des soins il vient s'établir auprès de cette malheureuse et la console en lui parlant de Dieu. A quelqu'un qui s'en est aperçu et qui lui offre de le remplacer, « Non, répond-il avec enjouement, j'ai une bonne place, je la garde. Allez rassurer ma femme et ne dites pas ce que je fais : c'est mon devoir. »

Ce n'est pas sans une émotion bien vive que nous avons entendu le récit de ce nouveau trait où se rencontrent toutes les délicatesses de la charité.

Une pauvre mère voit sa fille s'en aller fatalement vers la mort ; elle veut appeler en consultation le docteur Fabre. On lui objecte que les consultations se paient très cher. « Je vendrai tout, répond-elle, mais je veux avoir M. Fabre qui me sauvera ma fille. »

Son médecin appelle l'éminent professeur. La consultation achevée, la mère offre aussitôt aux deux docteurs la somme qui leur est due. Le médecin hésite à la prendre ; la présence de M. Fabre l'intimide et la pensée du sacrifice que fait cette femme l'arrête. Mais M. Fabre, qui connaît la situation malheureuse de son jeune confrère, prend la somme qui lui est offerte et ajoute : « Prenez, mon cher confrère, prenez, le prêtre vit de l'autel ; nous, nous vivons des soins donnés à nos malades. » Encouragé par cette bienveillante parole, le médecin accepte, et ensemble ils se retirent.

Après avoir fait quelques pas, le docteur Fabre salue son confrère, prend un chemin détourné, revient chez la pauvre mère, dépose sur la table un billet de banque et s'en va. Il avait fait deux heureux et pas un n'avait eu à lui dire merci.

Qu'on nous permette un dernier récit : il rappelle les plus belles pages de nos vies de saints.

C'était avant 1872, le docteur revenait de la chasse lorsqu'il entendit des gémissements plaintifs s'échapper d'un buisson près duquel il passait. Il s'approcha et vit, là, étendu et inondé de sang, un pauvre vieillard qu'une vipère avait blessé et qui depuis trois heures attendait en vain un passant pour lui demander aide et secours. Les habitations étaient éloignées, cet homme ne pouvait plus marcher. Le bon docteur rejette son fusil, fait un premier pansement et court à la ferme la plus rapprochée pour amener du monde et faire transporter le malade à l'hôpital. La ferme est déserte ; on travaille aux champs et nul ne peut répondre à l'appel de M. Fabre. Il prend le pas de course, revient auprès du vieillard, se dépouille de sa veste de chasse, charge ce malheureux sur ses épaules et se dirige vers la ferme distante d'un kilomètre et demi. Cependant l'orage éclate, une pluie torrentielle tombe tout à coup ; le docteur qui plie sous son pesant fardeau précipite sa marche, se blesse en courant à travers ces sentiers rocailleux et arrive enfin, ruisselant, à la ferme où le mauvais temps avait ramené les paysans. On allume un grand feu, M. Fabre ne prend souci que de son malade, le réchauffe, lui fait un second pansement, lui prépare un fortifiant breuvage, tandis qu'on va chercher au village voisin une méchante carriole, dans laquelle le docteur ramène lui-même à Marseille et conduit à l'hospice le vieillard attendri et impuissant à dire autrement que par ses larmes la reconnaissance qui déborde de son âme.

Nous serions incomplets et nous ravirions à la mémoire

du saint docteur sa gloire la plus pure, si nous ne disions pas que ce qu'il voyait et ce qu'il aimait surtout dans ses malades et dans ses pauvres, c'était leur âme. Il croyait que le médecin peut être et doit être un apôtre, et il l'était.

On l'a vu, auprès des malades que leurs souffrances décourageaient, ouvrir l'*Imitation de Jésus-Christ* aux pages les plus consolantes, et en lire quelques versets qu'il commentait ensuite d'un mot rapide et humble mais profond et saisissant. Ce trait allait à l'âme et lui faisait du bien. Ce sont là des mystères que les intéressés ne livrent qu'à demi-mot, mais nous avons recueilli plusieurs de ces aveux timides qui nous laissent deviner la merveilleuse action exercée sur les âmes par la puissance de sa parole et l'autorité de sa vie.

Appelé un jour chez une malade, jeune et pauvre, qui habite la campagne, il apprend qu'elle ne veut pas se confesser. Il prie en se rendant auprès d'elle, lui prodigue ses soins et lui parle si bien de Dieu qu'aussitôt après son départ elle demande un prêtre, se confesse et meurt en redisant la prière que lui a inspirée le pieux docteur : « Ma belle Bonne-Mère, ayez pitié de moi. »

Quand il rencontrait une âme virile et généreuse, capable de comprendre et d'aimer le grand mystère de la souffrance, il lui suggérait lui-même les intentions les plus pures et les plus hautes, il l'invitait à souffrir pour l'Eglise, pour le Pape, pour le triomphe de Jésus-Christ et pour le salut des âmes.

Auprès de ces cœurs vraiment chrétiens sa grande foi éclatait en de magnifiques paroles, et toute l'ardeur de son amour se trahissait dans les effusions de sa piété. « Je ne pourrai donc pas faire la sainte communion demain ? lui demande une religieuse. » « Oui, ma sœur, répond-il, la communion à la volonté de Dieu. »

Nous avons sous les yeux des lettres bien touchantes, qui

toutes témoignent de cet amour pour les âmes. — C'est une mère qui nous dit : « Pour moi, pauvre mère et pauvre veuve « dont le cœur a tant souffert, je lui dois une éternelle recon- « naissance pour son dévouement envers mes malades et par « dessus tout pour ses prières auxquelles j'attribue la sainte « mort d'un fils tendrement aimé. »

C'est une supérieure qui nous écrit : « Un matin, « l'agonie saisit une de nos chères sœurs depuis longtemps « souffrante. Appelé en toute hâte, M. Fabre oublia toutes « ses occupations pour essayer de la soulager. Debout à son « chevet, il lui soutenait délicatement la tête, en attendant « M. l'aumônier qui tardait à venir pour donner à la mou- « rante une dernière absolution. Comme nous lui faisions « nos excuses de ce retard, il répondit : « Je veux lui pro- « longer la vie. » Il priait dans un profond recueillement « et demandait à Notre-Seigneur de donner à son épouse « quelques instants de plus pour recevoir encore une fois la « sentence de miséricorde. Cette grâce lui fut accordée. Après « la consommation du sacrifice, il tomba à genoux au pied « du lit et pria longtemps dans une attitude si pénétrée et si « respectueuse qu'on voyait bien qu'il sentait le grand acte du « jugement qui s'accomplissait alors entre Dieu et l'âme. »

Cette crainte des jugements de Dieu lui inspirait une particulière dévotion aux âmes du Purgatoire. Il priait, il demandait des prières et des messes, il faisait lui-même, à peu près chaque jour, le chemin de la Croix pour les âmes des pauvres malades décédés à l'hôpital. Il voulait faire encore du bien après leur mort à ceux qu'il avait entourés de ses soins, de son dévouement et de son amour pendant leur vie.

De Dieu seul le charitable docteur attendait sa récompense : il ne demandait pas d'autre félicité ni d'autre gloire que celles de le servir.

Cependant ce devait être pour son cœur sensible et délicat une consolation bien douce de recueillir les touchants témoignages de la reconnaissance des pauvres, d'entendre en passant devant un certain lit de l'hôpital une bonne vieille femme du peuple lui dire en notre expressif langage : *Moun boun moussu, sia toujour din moun Pater !* — et une autre faisant allusion aux élèves qui l'accompagnaient : *Qué lou boun Diou vous benisse, eme touti vouestri sordats;* et une autre enfin s'écrier dans l'enthousiasme de sa gratitude et de sa respectueuse affection : *Oh vé! que jamai mourrissiès!*

Il devait être grandement consolé lorsque, au retour du premier jour de l'année, les malades de l'hôpital, se réunissant autour de lui, le contraignaient à entendre, malgré les protestations de sa modestie, les remercîments de tous, d'ailleurs fort éloquemment exprimés par un d'entre eux et fort coquettement écrits sur beau papier à dentelles et à fleurs. C'était quelque peu naïf et enfantin sans doute, mais ils avaient bien le droit de le traiter en père, lui qui les appelait avec une si paternelle tendresse *ses enfants*.

Ce n'est jamais qu'après la mort d'un homme que justice lui est rendue. Pour lui, la justice et la reconnaissance publiques ont devancé la mort.

D'ailleurs cette mort était proche.

A un ami qui, s'effrayant de cette vie laborieuse et de cette existence surmenée, lui disait, un jour, non sans quelque vivacité : « Mais, bon docteur, reposez-vous donc un peu, » il répondit : « Je me reposerai au ciel. »

Disant cela, il espérait travailler longtemps encore sur la terre à la gloire de Dieu, au salut des âmes et au soulagement des misères humaines.

Mais Dieu jugea qu'il avait assez travaillé.

VII

LA MORT ET LES FUNÉRAILLES

E 16 janvier 1884, à 6 heures du soir, le docteur Fabre frappait à la porte de la petite chambre où souffrait une de ses malades, particulièrement chère à sa charité parce qu'elle était plus malheureuse et parce que, disait-il, « la Sainte Vierge me l'a donnée. »

« J'ai un peu mal au cœur, dit-il en entrant, ne vous troublez pas, ce n'est rien. » La religieuse Trinitaire qui assistait la malade s'approcha pour le soutenir, et, appuyé sur son bras il vint s'asseoir sur le canapé. Il y tomba lourdement, ferma les yeux et demeura un moment sans paroles. Reprenant bientôt un plein empire sur lui-même, il sourit à la malade et l'interrogea sur l'état de sa santé.

Puis, avec le même sourire : « Enfant, ne vous troublez
« pas. J'espère que cela ne sera qu'un avertissement. Toute-
« fois, si je m'évanouis, ce sera grave ; vous me ferez appeler
« un prêtre. Je viens, ajouta-t-il, d'un concours ; j'étais juge,
« la grande attention que j'ai portée m'a fatigué le cerveau.
« Je sens que j'ai une congestion cérébrale. »

On s'empresse autour de lui, on lui prodigue tous les soins, et sans perdre son calme admirable, suivant pas à pas les progrès de la maladie, il reprend : « C'est tout inutile. Si
« ce n'est qu'un avertissement, le repos me remettra, et si
« c'est plus sérieux, alors il n'y a rien à faire. »

Cependant, frappé à mort, il conservait, avec toute la lucidité de son esprit, sa verve et sa gaieté, et il répondait par d'aimables paroles aux inquiétudes et aux anxiétés de ceux qui l'entouraient. Tout à coup, se relevant, il dit à la sœur Trinitaire: « Ma sœur, partons, c'est le moment. » On veut le retenir. « Non, si je me repose encore je ne pourrai plus me relever. » — « Voulez-vous que nous allions avertir Monsieur votre frère ? » — « Non, ne le dérangez pas, en ce moment il a du monde à dîner. »

Et reprenant, avec une tranquillité qui eut été effrayante dans une âme moins sereine et moins habituée à ne plus aimer ici-bas que la sainte volonté de Dieu, reprenant la description de sa maladie, il ajoute : « J'ai déjà eu une atta-
« que; celle-ci est la seconde, la troisième me prendra-t-elle
« dans quinze minutes, dans quinze heures, dans quinze
« ans ? Je n'en sais rien. Ce que je sais c'est que la troisième
« m'emportera; il faut que je meure de cette maladie ».

Arrivé chez lui, il se fait accompagner dans son cabinet: « Allez vite me chercher M. le curé de Saint-Joseph ! ». M. le chanoine Guiol accourt: « M. le curé, dit le malade,
« je n'ai plus que quelques heures à vivre. Je prévoyais bien
« que je mourrais d'une attaque, mais je ne pensais pas
« mourir si jeune. Toutefois que la volonté de Dieu soit
« faite. » Il se confesse.

Le docteur A..., son disciple, son ami, le confident de ses œuvres, arrive : « Il n'y a rien à faire », lui dit en souriant le moribond. Il accepte cependant tous les remèdes, quelques-uns douloureux et violents, mais il les accepte uniquement pour ne pas attrister ses amis. Son calme ne l'abandonne pas et il compte les instants que Dieu lui donne pour se préparer à la mort.

Il se fait transporter dans sa chambre, dit un dernier adieu à Madame Fabre, tout en essayant de la rassurer, reçoit l'extrême-onction, offre simplement et généreusement le sacrifice de sa vie et s'abandonne avec confiance entre les bras de la Providence.

Sa pensée est encore aux pauvres. Il appelle une des personnes qui l'entourent et lui dit : « J'avais promis de porter une petite somme à X..., ayez la bonté de la lui faire parvenir demain. » Et il indique l'adresse du malheureux.

Dieu permet qu'un témoignage de la confiance que les pauvres ont en sa charité lui soit donné à cette heure dernière. Pendant qu'il agonise on sonne à la porte de sa demeure. « Le docteur Fabre ! » demande une voix de femme. — Un agent de police qui accompagne cette femme ajoute : « c'est pour un malade. » — « M. le docteur, est-il répondu, est lui-même malade. » — La femme insiste. — « Mais, M. Fabre ne peut pas sortir, il est très malade. » Et la malheureuse, en larmes, s'écrie avec un accent de conviction qui émeut tous les témoins de cette scène et qui accuse toute la confiance de son cœur : « *Ah! dites-lui que c'est pour un pauvre, bien sûr il viendra.* » — « Ma pauvre femme, M. Fabre ne peut pas se rendre chez ce malade, il va lui-même mourir. » — A cette nouvelle la douleur de la malheureuse éclate en sanglots et l'agent ajoute avec émotion : « Il ne faut rien moins que cela pour que M. Fabre ne vienne pas chez un pauvre. »

Cependant le danger grandissait. La famille éplorée du mourant l'entourait de ses dernières tendresses et il ne reconnaissait plus son frère, sa sœur et ses amis. Les prêtres et les religieux qui l'assistaient récitaient les prières et lui suggéraient de pieuses invocations. Il ne parlait plus, mais, profondément recueilli et perdu en Dieu, il s'unissait aux prières et il redisait en son âme les invocations. Un sourire d'ineffable joie illumina son visage contracté par la douleur quand une voix amie murmura doucement à son oreille: *Notre-Dame de la Garde, priez pour nous.*

Ainsi s'écoulèrent, pleines d'angoisses pour tous, pleines de calme et de paix pour le mourant, les longues heures de cette dernière nuit. Le jeudi 17 janvier, à 4 heures 1/2 du matin il entrait en agonie et à 6 heures il rendait sa belle âme à Dieu.

Déjà les étudiants en médecine s'étaient réunis à l'école et ils attendaient avec impatience leur maître bien-aimé. Tout-à-coup le bourdon de Notre-Dame de la Garde jeta dans les airs les notes plaintives du glas funèbre. « Qui est mort ? se demandèrent avec anxiété ces jeunes gens. — « Le docteur Fabre », répondit-on ; ce fut une explosion de douleur.

La triste nouvelle se répandit aussitôt. On accourait de toutes parts à la maison mortuaire pour s'assurer de la douloureuse réalité, on s'interrogeait mutuellement, chacun voulait savoir quelque chose de cette maladie foudroyante et des derniers moments d'une si sainte vie.

Ce même jour, dans la vaste et belle église de Saint-Joseph, se réunissait une assemblée magnifique, invitée par le *Comité Catholique* à entendre l'éloquente parole de l'illustre évêque d'Autun. Le docteur Fabre avait prêté son concours à l'organisation de cette grande cérémonie religieuse, où se donne, chaque année, rendez-vous tout ce que la ville de Marseille compte de catholiques généreusement dévoués à toutes les œuvres militantes de l'Eglise. Il avait sa place au premier rang. Devant cette place demeurée vide une poignante tristesse s'emparait de tous les cœurs, et, quand Mgr Perraud eut gravi les degrés de la chaire, il put voir sur tous les visages l'expression d'une douleur universelle, il put mesurer l'immense vide que faisait la mort d'un seul homme en cette assemblée de chrétiens.

Sur cette foule consternée l'éloquent orateur laissa tomber ces graves et solennelles paroles, où se mêlent les accents émus de la douleur, de l'admiration et de l'espérance.

« Avec la permission de M⁹ʳ l'Evêque, je vous demande de
« payer d'abord un tribut de regrets, de reconnaissance et de
« prière au grand chrétien que vient de perdre Marseille. Ce
« matin, Marseille des œuvres et de la piété a entendu avec
« stupeur et désolation cette nouvelle foudroyante : le doc-
« teur Fabre est mort, l'ami des pauvres, le soutien de toutes
« les œuvres qui intéressent l'Eglise et les âmes, le pèlerin
« et l'apôtre de Notre-Dame de la Garde. Je n'entreprends
« pas le récit de cette vie si courte et si bien remplie. La
« grande oraison funèbre de ce chrétien sera faite par les
« larmes des pauvres, par les regrets de tous, par cette révé-
« lation qui suit la mort et qui nous laisse entrevoir les
« éternelles récompenses des vertus chrétiennes. C'est un
« devoir pour nous de porter aux pieds de Dieu, au cœur de
« Dieu, une prière collective pour cette âme, afin que le
« Seigneur achève de la purifier et l'appelle sans retard à la
« béatitude et à la gloire. »

L'assemblée se mit à genoux et M⁹ʳ Perraud récita, au milieu de l'émotion générale, la prière pour les morts.

La cérémonie achevée, de nombreux visiteurs se rendirent à la maison mortuaire pour rendre hommage au regretté défunt.

Pendant toute la journée du vendredi 18 janvier, le n° 40 de la rue Saint-Jacques fut envahi par la foule comme il l'était, le *jour des pauvres*, quand le bon docteur vivait.

Ce fut vraiment encore le *jour des pauvres*. Ils ne venaient plus demander, ils venaient apporter à leur bienfaiteur, à leur père, l'hommage de leur reconnaissance et répandre au pied de sa couche funèbre, avec leurs prières, leurs larmes. Ils voulaient voir une fois encore ce visage si doux où se reflétait la sérénité d'une âme bonne et pure. Ils baisaient avec respect ses mains, ils faisaient toucher des chapelets et des médailles à ses restes vénérés ; ils demandaient comme une grâce de pouvoir emporter un souvenir, un lambeau de vêtement, une relique, quelque chose enfin qui perpétuât dans leur famille sa mémoire si chère et qui fût pour leur pauvre mansarde un gage de bénédiction.

Cependant les visiteurs arrivaient à toute heure plus nombreux. Nous allions dire les *pèlerins*. D'autres l'ont dit avant nous. N'était-ce pas, en effet, le pèlerinage de l'amitié, de la douleur, et, pourquoi hésiterions nous à l'ajouter, pour quelques-uns n'était-ce pas le pèlerinage de la confiance ?

On dut bientôt fermer les portes pour éviter un envahissement qui troublait le religieux silence de la mort.

Le lendemain devait être pour cet humble et grand chrétien le jour du triomphe. Les plus indifférents parmi ceux qui tiennent une plume ont donné ce nom aux funérailles du docteur Fabre, en publiant le récit détaillé de cette magnifique solennité funèbre. Nous retenons avec complaisance ce témoignage.

Dès la première heure du samedi 19 janvier les abords de la rue Saint-Jacques sont occupés par une foule compacte, recueillie, partagée entre l'admiration et la douleur. En traversant les rangs pressés de ce peuple, où les pauvres en haillons se mêlent aux représentants de toutes les sociétés scientifiques, du haut commerce, du barreau, de l'armée, on ne recueille qu'un concert unanime de louanges, de bénédictions et de regrets. Ce deuil est vraiment le deuil de tous.

La grande cité rend un suprême hommage à un homme

dont elle est fière et « dont la mort revêt le caractère d'un malheur public. » (1)

Le cortège, formé de toutes les œuvres catholiques, quitte la maison à 9 heures. Il comprenait les Dames de Nazareth, les jeunes filles de la Bienfaisance, la Charité, la Petite-Œuvre, les enfants de la Providence, la congrégation des hommes de Saint-Laurent, les Frères de Saint-Jean de Dieu, les Frères des Ecoles chrétiennes, les Pères du Très-Saint Sacrement, les Oblats de Marie, les Jésuites, les Capucins, les Dominicains, le R^{me} Père abbé et les moines Bénédictins, le clergé de neuf paroisses, présidé par M. le vicaire général Blancard et dans les rangs duquel avaient pris place les chapelains de Notre-Dame de la Garde.

A la suite du clergé s'avançaient dix poêles, dont les coins étaient tenus par les délégués des diverses sociétés, médicales, scientifiques ou charitables, dont faisait partie M. Fabre.

Le char funèbre disparaissait entièrement sous des faisceaux innombrables de fleurs et de couronnes offertes par sa famille, ses amis, ses élèves, *ses pauvres*. Chacune de ces couronnes portait une inscription : « A notre regretté Professeur, » « à notre Bienfaiteur, » « à notre Maître bien-aimé, » « à notre Père, » « Reconnaissance, » « Amitié, » etc., etc.

Dix congrégations religieuses de femmes suivaient le char funèbre, accompagnant de leurs prières, de leurs regrets et de leurs larmes celui dont elles avaient si bien connu le généreux et délicat dévouement. Nous les nommons : chacun de ces noms rappelle mille bienfaits secrets du bon docteur : les Sœurs de Saint-Vincent de Paul, les Sœurs de l'Espérance, les Sœurs de Saint-Charles, les Trinitaires de Sainte-Marthe, les Sœurs Tourières du Refuge, de la Visitation, des

(1) Paroles de M. Chapplain sur la tombe de M. Fabre.

Clarisses, les Petites-Sœurs des Pauvres, les Sœurs de Saint-Joseph de l'Apparition et les Sœurs du Bon-Secours.

Et après elles une foule immense évaluée à plus de cinq mille hommes.

Parmi ces multitudes, où tous les rangs et toutes les conditions se mêlaient, deux groupes se faisaient remarquer par leur attitude respectueuse et par leur douleur : le groupe des étudiants en médecine et le groupe des pauvres.

« Nous l'aimions tant, avaient dit les premiers, que nous ferons pour lui ce que nous n'avons jamais fait pour personne », et ils sont venus plus de cent aux obsèques, rangés à la suite de leurs professeurs.

Les pauvres avaient eu quelque peine à se placer dans le cortège ; mais ils s'étaient portés en masse à Saint-Joseph dont ils envahissaient le péristyle et au cimetière où nous les retrouverons formant la haie sur le passage du cercueil.

Cette journée des funérailles devait donner lieu aux plus touchantes manifestations de la part des pauvres. Nous rappelons ici deux faits dont le récit nous a particulièrement émus. Ils nous en laissent deviner bien d'autres.

Quelques heures avant la cérémonie un mendiant se présente à la sacristie de la Basilique, et, offrant une aumône de deux francs : « Faites célébrer une messe pour le repos de l'âme de M. Fabre, dit-il. Voilà tout l'argent que j'ai reçu depuis sa mort. Il est pour lui. » En même temps deux autres pauvres demandent un prêtre et expriment le désir d'être entendus en confession. « Nous allons assister aux
« funérailles de M. Fabre. Tels que nous sommes, nous n'en
« sommes pas dignes. Confessez-nous et que Dieu nous par-
« donne à cause de lui. »

Pendant la messe de *Requiem* chantée par M. le vicaire-général et à laquelle assistait Mgr l'évêque, un vaste et solennel silence planait sur l'assemblée en prière. Toutes ces âmes, recueillies dans leur douleur et dans leur deuil, s'élevaient ensemble vers le ciel pour appeler les suprêmes miséricordes sur celui qui avait été ici-bas un grand serviteur de Dieu et un grand bienfaiteur de l'humanité malheureuse.

Mgr l'Evêque, voulant donner un public témoignage de la paternelle affection dont il honorait le vénéré défunt, présida lui-même l'absoute. Sa Grandeur quittait les ornements sacrés et retournait à l'autel, quand un des assistants vint s'agenouiller en larmes à ses pieds. C'était M. Cyprien Fabre, président de la Chambre de commerce, le digne frère du docteur, l'héritier de la foi et des promesses de nos illustres échevins marseillais, celui qui vient, chaque année, dans la chapelle de la Visitation, au jour solennel du Sacré-Cœur, offrir au nom de la ville reconnaissante, le cierge traditionnel. Monseigneur le bénit, lui présenta son anneau à baiser et le releva en lui serrant affectueusement les mains.

Les témoins de cette scène durent alors se souvenir de la joie, humble et pure, mais grande, qu'apportait au cœur du docteur Fabre le retour de cette fête, dans laquelle il voyait sa famille donner un si bel exemple de fidélité, de courage et de grandeur d'âme.

Bien avant l'arrivée du cortège au cimetière les pauvres s'y étaient rendus et attendaient ; d'autres, parmi lesquels beaucoup de femmes et d'enfants, se groupèrent en grand nombre derrière le char funèbre, laissant à leur suite les 150 voitures qui amenaient les parents et les amis. Tout cédait, ce jour-là, à la reconnaissance des malheureux. On fit donc au pas le trajet de Saint-Joseph à Saint-Pierre.

Nous n'essaierons pas de décrire cette marche, lente, solennelle, pleine de tristesse et de grandeur, où l'on n'entendait pas d'autre bruit que celui des sanglots et des larmes des pauvres conduisant à leur dernière demeure les restes mortels d'un homme qu'une voix éloquente, parlant sur sa tombe, saluera tout à l'heure le Vincent de Paul de Marseille.

Au cimetière vingt-cinq prêtres reçoivent et accompagnent le corps, sous la présidence de M. le vicaire-général Payan d'Augery qui récite les dernières prières. On s'ouvre difficilement un passage à travers les rangs de la foule recueillie et émue, qui veut une fois encore s'approcher du cercueil et rendre un dernier hommage à celui qu'elle pleure.

Neuf discours sont prononcés devant cette tombe ouverte. La science, l'amitié, la reconnaissance, la charité viennent tour à tour saluer cette grande mémoire. Chose admirable et consolante ! Toutes ces voix parlent un même langage, le langage chrétien. De ce cercueil une vertu s'échappe qui impose à tous le respect. Une religion qui s'affirme en donnant au monde de telles âmes est une religion qui vit et qui a pour elle l'avenir. Ce n'est plus seulement à un illustre mort que l'on rend un solennel hommage, c'est à la religion.

La foule pressée autour de ce sépulcre, où vont s'ensevelir tant d'espérances, entend avec émotion les éloges décernés au savant, au médecin, à l'ami, à l'homme de bien.

Mais l'émotion grandit et tous les yeux se mouillent de larmes quand un jeune élève de médecine, M. Oddo, d'une voix brisée par la douleur, adresse à son bien-aimé maître ces beaux et touchants adieux :

« Et nous, mes chers camarades, qui pourra jamais dire quel maître fut celui qu'on avait voulu nous enlever et que Dieu seul a pu nous prendre ?

« Qui de nous oubliera jamais les larmes qu'il nous arrachait naguère à quelques pas d'ici sur la tombe de notre pauvre ami Godereau ?

« C'est par la délicatesse infinie de votre bonté pour chacun de nous, bien-aimé maître, que vous nous aviez rivés au cœur ces liens du maître et de l'élève dont la rupture vient tout à coup de nous donner un affreux déchirement.

« En vous était l'ardeur du Vrai, en vous était la passion du Bien ; près de vous, maître éloquent et enthousiaste, nous aimions tous la science ; près de vous, homme de toutes les vertus, nous étions meilleurs, et ceux que vous aviez déjà formés pour la lutte revenaient encore chaque matin pour écouter l'enseignement dont nous étions si fiers.

« Avant hier nous vous attendions tous avec impatience à l'Hôtel-Dieu ; en face de nous, Notre-Dame de la Garde a tout à coup sonné le glas.... Dieu vous avait enlevé aux pauvres et à nous. Entre les pauvres et nous, vous avez partagé votre belle vie, comme les pauvres qui pleurent avec nous, nous disons au jour de votre mort :

« Pour tout le bien que vous nous avez fait, bon maître, soyez béni. »

Un instant de silence succède à cette parole qui a remué tous les cœurs.

L'Eglise s'est toujours fait un devoir de se taire sur la tombe de ceux qui l'ont le plus fidèlement servi. Elle réserve pour des solennités plus grandes l'autorité de sa parole. Mais les catholiques peuvent librement parler sur le cercueil de leurs frères. La religion devait, elle aussi, en face de cette mort et de ce triomphe, apporter un témoignage d'honneur et de reconnaissance.

M. Henri Bergasse, président général de la Société de Saint-Vincent de Paul, recueille en d'émouvantes paroles les hautes leçons de foi, de charité, de sacrifice que donne aux catholiques de ce pays et de ce siècle la belle et sainte vie du docteur Fabre. Après lui et pour couronner dignement cette cérémonie funèbre, M. Court-Payen prononce, au nom de l'assemblée, un acte de foi et d'espérance.

Hardie mais très-heureuse inspiration ! Quelle parole devait tomber la dernière sur le sépulcre de ce croyant et de ce chrétien, si ce n'est une parole de foi et d'espérance !

A la religion devait appartenir le dernier mot de cette triste mais grande journée.

Le silence se fit; le cercueil fut descendu dans le caveau de famille.

Nous avons vu alors un pauvre se glisser dans les rangs de la foule, s'approcher furtivement et toucher le cercueil. C'était comme une bénédiction suprême qu'il venait demander, avec la vénération que l'on a pour un père et peut-être aussi avec la confiance que l'on a pour un saint.

N saint ! Cette parole est téméraire. Nous ne l'écrivons pas.

Mais le peuple, lui, n'est pas obligé d'être prudent ; il est libre de traduire en des expressions hardies l'élan de sa vénération et de sa reconnaissance.

Il peut dire, avec une âme profondément malheureuse dont le docteur Fabre fut le consolateur et l'appui : « Que Jésus le « reçoive à jamais dans son éternelle joie, celui qui a su si « bien réaliser par une si belle vie ces paroles de l'apôtre : « *La charité de Jésus-Christ me presse* » ; agréez, monsieur, « mes remerciements, pour le bonheur que vous me procurez « en me donnant l'occasion de rendre un devoir de recon- « naissance à la mémoire d'un saint. »

Il peut dire encore, avec une âme religieuse qui parlait au nom de toutes ses sœurs : « Oui, nous remercions le céleste « époux de nos âmes de la part privilégiée qu'il nous a « choisie, et, parmi les grâces de prédilection dont il nous « comble, nous le remercions de nous avoir mis en rapports « si intimes avec un saint tel que M. le docteur Fabre.... Il « nous reste la consolation de le prier et de penser que, du « haut du ciel, il nous conservera la sainte affection qu'il « accordait à notre petitesse. »

Il peut s'écrier enfin, avec la plus malheureuse parmi les malheureux que le bon docteur assistait sur la terre : « Oui, « nous tous, âmes affligées, pauvres déshérités des biens de « ce monde, nous avons au ciel un protecteur qui veille sur « nous. — Merci, mon Dieu, d'avoir créé cette belle âme ! « merci, merci, d'avoir donné à la terre cette fleur du ciel. — « Gloire, actions de grâces à Dieu seul ! »

On nous assure que plus d'un malade l'invoque et que plus d'une âme demande par son intercession des grâces spirituelles et des bienfaits temporels. On va même jusqu'à affirmer que ces grâces sont obtenues.

Notre devoir est de nous taire, nous souvenant qu'à l'Eglise seule il appartient de juger les œuvres et la vie de celui qui fut parmi nous un si grand chrétien.

Un grand chrétien ! — Tombé des lèvres d'un illustre orateur, du haut de la chaire et devant une vaste assemblée catholique ; écrit à la première de ces pages par notre évêque vénéré ; consacré en quelque sorte par la plus haute autorité qui soit en notre Eglise de Marseille, ce nom sera désormais le nom glorieux du docteur Fabre. Il contient en sa noble simplicité tous les éloges. Il dit ce que fut *l'homme de foi*, *l'adorateur*, le *serviteur de Marie*, le *catholique militant*, le *médecin des pauvres*, dont nous avons essayé de rappeler les vertus et les œuvres. C'est le dernier trait. Il rassemble tous les autres pour les harmoniser et pour les fondre en une parfaite unité. Il donne à cette belle et grande figure son caractère.

Es un san ! Es un san ! disait le peuple, sur le passage du cercueil, au jour des funérailles. Libre à lui de retenir cette expression enthousiaste mais sincère de son admiration ; c'est assez pour nous de pouvoir dire : il fut un grand chrétien.

www.ingramcontent.com/pod-product-compliance
Lightning Source LLC
LaVergne TN
LVHW050644090426
835512LV00007B/1035